HANNELORE SCHLAFFER

ZEIT MEINES LEBENS

ZU KLAMPEN

Reihe zu Klampen Essay
Herausgegeben von
Anne Hamilton

Hannelore Schlaffer,
geboren 1939 in Würzburg, lebt in Stuttgart. Sie war Studienrätin in Erlangen, Lektorin an der Sorbonne, außerplanmäßige Professorin in Freiburg und München. Lehrstuhlvertretungen führten sie nach Melbourne, Berlin, Frankfurt. Sie hat Bücher über die Literatur der Klassik und Romantik geschrieben und Artikel über die kulturellen Institutionen und Ereignisse der Gegenwart publiziert. Drei Essaybände sind bisher bei zu Klampen erschienen: »Die City. Straßenleben in der geplanten Stadt« (2013), das 2014 von der Friedrich-Ebert-Stiftung als »Das politische Buch des Jahres« ausgezeichnet wurde; »Alle meine Kleider. Arbeit am Auftritt« (2015), »Rüpel und Rebell. Die Erfolgsgeschichte des Intellektuellen« (2018).

HANNELORE SCHLAFFER

Zeit meines Lebens

Was war und noch ist

zu Klampen ESSAY

Inhalt

Schreiben, eine Gymnastik

WER viel in die Oper geht, kommt nach Hause und will singen; wer viel liest, will bald auch schreiben.

Erst eignet man sich das Gelesene an im Spiel, ist Indianer, wenn man Karl May liest, ist Ferdinand von Walter, wenn man schon etwas weiter und bei Schiller angekommen ist. Man überführt das Geschriebene ins Mündliche, lernt pathetisch reden und wie gedruckt, versucht also, es aus der Schrift ins Leben zu holen. Bald aber will man selbst sich an solcher Erfindung von Leben beteiligen, will zu den Worten des Dichters eigene erfinden, sich Sätze ausdenken, die so nie gesprochen worden sein können – und schon schreibt man sie auf, ist Dichter, ein junger, der noch nicht weiß, was er eigentlich ist und auf welchem Weg er sich befindet.

Ich habe zwar keine Indianergeschichten geschrieben, als ich alle Bände von Karl Mays Romanen las, aber, als ich etwas später bei Schiller ankam, habe ich ein Drama »Herkules und Deianira« geplant, dessen Fragment lange aufbewahrt wurde, bei einem der Wohnungswechsel aber doch verloren ging. Geblieben ist nur die Frage, über die ich noch heute nachdenke: Wie bin ich mit sechzehn Jahren zu solch einem Stoff gekommen? Schiller hat meine Lust, Dramen zu schreiben, angeregt, aber selbst er hätte sich just dieses antiken Paars nie angenommen.

Nun aber setzt eine solch intellektuelle Tätigkeit wie Sätze, Handlungen, Figuren, Ideen erfinden, eine Hand voraus, die das Erdachte sichtbar macht, die niederschreibt, was der Kopf erdenkt. Jede intellektuelle Anstrengung muss von einem physischen Vergnügen begleitet sein, sonst wird sie nicht vollbracht. Deshalb ist es interessant herauszufinden, wie denn die Hand dahinkommt zu schreiben und noch dazu, gern zu schreiben und endlich gar das Schreiben nicht mehr lassen zu wollen. Jegliche Mühe, die diese Tätigkeit des Schreibens machen würde, zöge den Geist von seiner poetischen oder intellektuellen Konzentration ab. Schreiben zu lernen, und zwar so, dass die Bewegung der Hand zur zweiten Natur wird – und was wäre unnatürlicher, als zu schreiben –, ist Voraussetzung dafür, Schriftsteller zu sein. Wie die Füße diesen lebenslangen Spaß »Laufen« früh lernen müssen, so auch die Hand den Spaß »Schreiben«. Und so habe ich laufen und schreiben gelernt und bin vierfüßig geworden: Ich laufe das eine Mal mit den zwei Beinen, ein andermal mit den zwei Händen, mit der, die schreibt, mit der, die das Papier hält und rückt, je nachdem durch Stadt und Wald und Flur oder übers Papier, und will damit nicht enden.

Meine Erinnerung an die ersten Schreibversuche ist schmerzlich, wie eben großes Glück meist mit einem kleinen Schmerz beginnt, denn der gibt der Tätigkeit erst Gewicht. Tränenüberströmt kam ich, die Erstklässlerin, die mit Eltern und Brüdern 1945 nach dem Bombenangriff auf Würzburg in den Tanzsaal eines Dorfs evakuiert worden war, aus der Volksschule nach Hause: Die Lehrerin habe gesagt, so schluchzte ich, ich dürfe von heute an nicht mehr zur Schule gehen. Meine Eltern erklärten mir und trösteten mich, dass dies der Beginn der Weihnachtsferien sei, dass diese Zeit schnell vorüber sei, und danach gehe es mit der Schule weiter und auch ich dürfe wieder dabei sein. Es ging wirklich weiter mit der Schule, und ich lernte, mit weichem Griffel auf die harte Schiefertafel zu schreiben. Weiß auf schwarz – das war in dieser Zeit, da es nur die schüchternen Farben der Natur gab, da noch kein Bildschirm blendete, ein Schock fürs Auge und für ein Kinderauge eine Faszination. Als ich, etwa siebzigjährig, einen Vortrag hielt, sagte mir ein Naturwissenschaftler: »Frau Schlaffer, Sie tragen fast nur schwarzweiß« – und er hatte recht. Da kam mir die Schiefertafel in den Sinn, Buchstaben weiß auf schwarz!

Und auch an den zweiten Schmerz erinnerte ich mich, den ich mit dem Schreiben verband, jene Tränen nämlich, die ich vergoss und die das Weiß der Schrift auf der schwarzen Tafel verwischten, als mich ein Bruder wegen eines kleinen Fehlers ausgescholten hat. Ich saß im Festsaal des Dorfes in einer Fensternische von der Art, wie es sie in Burgen gibt, und schrieb auf meine Tafel, er kam, er schimpfte, ich weinte, meine Buchstaben zerflossen zum tachistischen Gemälde – mein erstes Kunsterlebnis, Grafik in schwarz und weiß; es hat, wie der Naturwissenschaftler es durchschaute, meinen Geschmack fürs Leben geprägt.

Sobald man aber der Zeichen sicher ist, beginnt die noch schönere Erfahrung, dass das Schwarz-Weiß auf der Tafel – oder später das Blau-Weiß auf dem Papier – sich im Kopf in bunte Bilder verwandelt. B-a-u-m wird nach längerer Übung eine Vorstellung, G-e-h-e-n die Vorstellung einer Tätigkeit: schon laufe ich; W-e-i-n-e-n ein Gefühl, das einmal war und wiederkommen könnte; S-o-n-n-e hinaus in Luft und Licht! Die Schulbücher halfen bei der Übersetzung der Zeichen in Anschauung und Erlebnis durch Illustrationen, und am schönsten tat dies das Buch für den Religionsunterricht. Da gab es nicht nur den Baum, die Blume, die Sonne, da gab es Mohren und Engel, eine stillende Mutter und einen geißelnden Knecht, einen Mann im Nachthemd, der ein Kreuz schleppte, und Könige in prächtiger Robe, Gesten noch dazu, die man nie im Leben sah, Betende, Kniende, Niedergeworfene und die Arme zum Himmel Emporstreckende – ein Tanz, der alles, was man als springendes, hüpfendes, hurtiges Kind zustande brachte, überbot. Wie ich später die Rollen aus Schillers Dramen auswendig lernte und vor mich hinsagte, so übte ich die Gesten der religiösen Figuren, nicht aus Frömmigkeit, sondern als Ballett.

Was Wunder, dass es zum Vergnügen wurde, die fünfundzwanzig Klötzchen, die Buchstaben, aus denen diese Bilder sich erahnen, sich erdenken ließen, bald selbst herzustellen. Je leichter dies ging, desto weniger waren die Buchstaben noch Buchstaben, sie verwandelten sich in Schrift – und erst so waren sie mein. Nun sollten sie auch meine Gestalt annehmen, zu meinem Gesicht passen. Ich begann also zu experimentieren, welche Farbe der Tinte – schwarz, blau, violett, grün – meinem Auge am besten gefiel und welche Form diese Schrift haben sollte. Einige Zeit neigte sie sich nach rechts, dann wieder nach links, einmal zog ich die Buchstaben weit auseinander, einmal standen sie eng gedrängt, einmal hatten sie ein paar Schnörkel, aber da wurde mir schnell klar, dass dies Überfluss war und nicht mein Stil. Ich schrieb immer lieber und entwickelte dabei die geschwindeste Art, mit der Hand voranstürmend, Buchstaben aufs Papier zu bringen. Sie waren antikisch karg und manchmal so sehr auf ihr Wesentlichstes reduziert, dass sie gerade noch zu lesen waren. So entstand also dies kleine, schnelle Vergnügen für die Hand, dies Auf und Ab und Hin und Her, und so bin ich, wie gesagt, vierfüßig geworden. Ich laufe gemächlich durch die Natur mit meinen Beinen und eile schnell übers Papier mit der Hand und kann so wenig auf das eine wie auf das andere verzichten.

Allzu viel Gelegenheit zu schreiben gibt es für ein Kind und einen Jugendlichen nicht. Die Eltern schenken ihm, da sie die seltsame und gottlob so ungefährliche Neigung bemerken, ein Tagebuch und dann noch eines. Es schreibt sie voll, bewahrt sie ein Leben lang und schaut nie mehr hinein. Meine Schreibhand übte sich schließlich auch in der Malerei. Es gab sehr gute Noten im Kunstunterricht, und auf all meinen Kunstreisen nach dem Studium habe ich nie fotografiert, sondern gezeichnet. Aber Schreiben und Skizzieren ist zweierlei. Beim Malen habe ich die Welt als Bild vor mir und halte dies fest. Wenn ich aber etwas aufschreibe, notiere, erzähle, sind vor aller Schrift Bilder in mir, ich akzeptiere diese Anregung meiner Fantasie, kombiniere daraus die Welt in meinem Sinne – fasse einen Gedanken, erfinde eine poetische Situation, notiere, übersetze diese in abstrakte Zeichen und hoffe, dass sie sich in anderen Köpfen wieder in Bild und Gedanke zurückverwandeln und den fremden Kopf genauso faszinieren wie den meinen, dem sie entsprungen sind.

Endlich aber kam nach diesen verantwortungslosen Schreibspielen das Abitur, und die Mädchen, die erste Generation, für die Studieren zwar nicht selbstverständlich, wohl aber erwägenswert war, zerstreuten sich in alle Welt. Die Neugier war groß, der Abschied nicht schmerzlich, und für mich hatte er gar das Schöne, dass ich nun Briefe schreiben und in alle Himmelsrichtungen versenden konnte – so begann die wahre Schreiblust oder -wut. Ein Mann, Manager oder Gelehrter, der seine Autobiographie schreibt, könnte sein Leben immer unter dem Titel veröffentlichen: »Pour le mérite«. Über eine Reihe freundschaftlicher, wenngleich immer amtsfördernder Gaben und Gegengaben steigt er empor zu höchstmöglichem Rang. Ich hingegen musste mich begnügen mit einer Karriere unter Freundinnen, und so war der höchste Rang, den ich erreichen konnte, der, dass bei einem unserer Treffen eine der Jungfrauen sagte: »Die Hanne, also, die schreibt so arg schöne Briefe!« Meine Autobiographie könnte deshalb heißen: »Arg schöne Briefe«.

Die Studienrätin, die ich durch das Studium geworden war, hatte nur die Schriften der Schüler zu lesen und mit einigen Korrekturen zu versehen – SCHREIBEN, die heilige Tat, war das nicht. Da in jenen Jahren das Berufsleben das Private noch nicht in dem Maße dominierte wie heutzutage, da man – um es kritischer zu sagen – mit dem Beruf noch nicht so wichtigtat, hatte ich viel Zeit. Bei einigem Geschick konnte ein Lehrer schnell vorbereitet sein auf den nächsten Tag und hatte den Nachmittag, den Abend für sich. Da aber die männlichen Kollegen ungern mit einer Kollegin umgingen, die einen Assistenten von der Universität geheiratet hatte, geriet ich immer mehr in diesen akademischen Kreis und entschloss mich eines Tages zu promovieren – und damit begann ein Schreiben auf eine ganz neue Art. Schließlich war ich auch habilitiert, aus Versehen eigentlich, großzügiger Weise für ein bereits gedrucktes Buch; die Ehre einer Universitätsstelle errang ich nie, und so lancierte mich die Schreiblust zu Zeitung und Rundfunk, wo ich, eine damals durchaus einträgliche Beschäftigung, schreiben durfte, was immer mir in den Sinn kam. Ich erfand Themen und schrieb am Morgen, am Abend, im Zug, im Hotel; in der Pause des Theaters begann ich bereits die Kritik zu schreiben, die am nächsten Morgen über Telefon den Sekretärinnen der Zeitung durchgegeben werden sollte. Am Morgen erwachte ich mit den drei nächsten Themen für Zeitungsartikel und hatte also offensichtlich in der Nacht weitergeschrieben. Ich machte den Tag über fünfstündige Spaziergänge mit den Füßen und fünfstündige mit den Händen am Morgen und am Abend. Die Füße schmerzten oft, das Handgelenk blieb locker und blieb es bis zum heutigen Tag. Aus den Briefen an die Freundinnen wurden Zeitungsartikel, und was sind Zeitungsartikel, Glossen anderes als Briefe an ein freundliches Publikum. Essayistin oder Journalistin nannte ich mich seither in den Formularen, die mir beim Arzt entgegengehalten, vom Finanzamt zugeschickt wurden.

Lust ist der Anfang von Luxus – und so werden auch für den, der schreibt, die Umstände und Hilfsmittel seiner Tätigkeit mit Zeremonien umgeben, die das Tun zur heiligen Handlung, also zu einem besonderen Spaß machen. Stille ist das erste Gebot. Feine Materialien sind das zweite. Feder und Papier müssen sich lieben, sie müssen sanft aufeinander eingehen, sanft soll die Hand mit spitzer Feder über das satinierte Papier fliegen, so als berühre sie es kaum, so als erschienen die Buchstaben wie von selbst auf seinem Samt, so als hätte die Hand, die in der schwerelosen Bewegung innerlich ein wenig kitzelt, sie geradezu aufs Papier gelächelt. Schreiben ist ein Streicheln und deshalb besonders geeignet zur Vertiefung von Freundschafts- und Liebesbeziehungen. Nicht nur die Liebesbriefe, derer es so viele gibt und die so gerne gelesen werden, zeigen dies. Der Leser nimmt immer und bei allen Texten als Voyeur an einem Liebesakt teil, der physisch durch die Hand strömt.

Alles Schreiben ist wenigstens zu einem Teil eine emotionale Kommunikation. Auch Texte für eine Zeitung sind Grüße an das Publikum, und so waren denn auch die Dissertation und die Habilitationsschrift Liebesbriefe für ein akademisches oder halbakademisches Paar, das diese Schriften füreinander und miteinander schrieb, gemeinsam nämlich an ein und demselben Tisch. Die Vorbereitung zu diesen Schriften geschah getrennt in den Arbeitszimmern, zur Niederschrift aber trugen wir unseren Küchentisch ins Wohnzimmer, saßen einander gegenüber im großen, hohen Raum mit dem Blick auf einen der Erlanger Karpfenweiher und schrieben diese zwei Werke, jeder für sich und du für mich und ich für dich. Der Schreiber gegenüber war der erste Leser, und so waren Absicht und Glück allen Schreibens diesmal und für immer, real und symbolisch, in dieser Situation am Küchentisch vor dem Karpfenweiher theatralisch inszeniert. Schreiben war und ist seither, auch wenn es für so einen fremden Adressaten wie ein Zeitungspublikum geschieht, die Werbung um den anderen, ein Gruß der Hand an die Welt.

An den Tätigkeiten, die man wichtig nimmt, zeigt sich am schmerzlichsten das Alter: Die freundlichen Leser werden weniger, der Platz für Artikel wird rarer, und die Welt entwickelt sich in eine Richtung, in die die lockerste Hand nicht mehr mitgehen kann. Durch sie würde ein Urteil aufs Papier fließen, das dem Rhythmus und Stil des neuen Lebens nicht angemessen wäre. Geblieben ist eine körperliche Notwendigkeit. Schreiben ist nicht etwa eine Handlung, sondern eine Tat: die Verwandlung von Fantasie und Denken in Sichtbarkeit. Die einmal gelockerte Hand kann nicht ruhen, weil die Welt, die in den Kopf eindringt, durch die Hand verwandelt in Bild und Meinung, gar zu leicht wieder heraus- und in die Welt entschlüpfen möchte. Der Schreibende verachtet die gegenwärtige Sucht der Menschen, jeden Augenblick auf dem Foto festzuhalten, zu »knipsen«. Was aber ist Schreiben anderes, als Fotos aufzunehmen, Filme ablaufen zu lassen, also einen in einen Rahmen, in ein Format zu fassenden Text herzustellen? Freilich, es braucht dazu mehr Zeit.

Wohin aber mit Samt und Streicheleien, mit den Liebkosungen des Papiers, wenn die Schreibmaschine klappert? Vorbei ist die Stille, der höchste Luxus des Schreibenden, vorbei die sinnliche Nähe zum Schreibzeug. Mit der Maschine begann das Schreiben mit zwei Händen, ein Schreiben, das man kaum spürt. Das Auge zwar, das aufs Blatt starrt, ist mehr beschäftigt als zuvor, es korrigiert unentwegt – der Buchstabe, ist er richtig oder falsch? Die Buchstaben, die man mit einem Stift schrieb, waren immer die, die man schreiben wollte. Nie schrieb man »Mrogen« statt »Morgen«, nie »mien« statt »mein«. Und wenn auch hier das Auge beim Schreiben mit der Hand aufs Papier gerichtet sein musste, störte dies nicht den Schwung des Inneren, weil die Niederschrift sicher gelang. Beim Schreiben mit der Maschine hingegen fordern die Buchstaben eine eigene Aufmerksamkeit; die Technik dominiert das Vergnügen.

Bei einer Ferientätigkeit, 1960 etwa, übte ich mich in einem städtischen Büro auf der Schreibmaschine. Seither bin ich schnell, schreibe blind und bin meine eigene Sekretärin, mit deren Geschicklichkeit ich zufrieden sein kann. Spaß macht nun das Tempo des Schreibens. Jede Zeile ein Spurt. Leider aber stolpere ich doch zu oft bei diesem Kurzstreckenlauf und muss immer wieder einmal zurück zum »vertippten« Buchstaben. Zwischen das Ausdenken von Worten und Sätzen schob sich seither die Korrektur des Geschriebenen. Zunächst schlug man den richtigen über den falschen Buchstaben, es ergab sich ein Klecks, ein Geschmier, das heute literarische Museen gerne ausstellen, weil die Unordnung so viel Scheitern und also so viel Leben enthält. Schließlich half Tipp-Ex aus der Not. Aber noch immer musste jedes Manuskript für den Druck von einer Schreibkraft noch einmal »ins Reine« geschrieben werden: Eine Mark kostete bei meiner Dissertation die Seite. Dann kam der PC, und mit ihm kehrte Ästhetik ins Schreiben zurück. Vor allem Stille herrschte wieder. Zunächst zwar klapperten in den Lesesälen der Bibliotheken die Maschinchen, die die Studenten aufstellten, und verdarben die Stimmung der Kontemplation. Inzwischen vernimmt auch der Hellhörige nichts mehr, und der Eilige kommt auf dem Gerät schneller voran denn je. Ein falscher Buchstabe – kein Problem! Husch! Husch! Schon hat er sich verdrückt!

Und dennoch: Nie wird dies Gehetze zwischen Einfall und Niederschrift des Einfalls mir die Liebe zu Papier und Feder austreiben, zu Buchstaben, die unverwechselbar die meinen sind. Die Schrift ist so etwas wie das Kleid: die Veräußerlichung einer Person, die sich selbst nie sieht, die nicht einmal die Gesten, die nach außen wirken, an sich beobachten kann. Nur beim Schreiben sieht sie die Hand und das Ergebnis ihres Tuns, die individuell gestalteten Zeichen. Nicht einmal im Spiegel geht das, denn auch dort ist man nicht Geste, sondern Maske, starrt ohne Miene hinein ins Glas. Nur im Kleid und in der Schrift sehe ich das, was ich sein will und hoffentlich dann auch wirklich bin.

Der Computer fügt nun den verschiedenen Lüsten des Schreibens aber doch eine neue hinzu: die

Reinlichkeit. Jede ausgedruckte Seite ist perfekt. Endlich schreibt und redet man »wie gedruckt«. Zwar wird auch diese Seite wieder durch Korrekturen gedanklich verbessert und optisch verdorben; aber der nächste Ausdruck ist wieder sauber: schwarz auf weiß – wie einst auf der Schultafel: weiß auf schwarz. Die Reinlichkeit lässt sich nicht nur am Ergebnis genießen, sondern schon bei der Arbeit selbst. Jede Korrektur geschieht prompt. Mitten im Schreiben kann das falsche Wort, die schiefe Wendung, der missratene Satz modelliert werden, kann noch einmal ausgedruckt werden und noch einmal und noch einmal, und so fällt mir das, was ich sagen will, auf dem nächsten und übernächsten Ausdruck besser und immer besser in die Hand.

Da das Korrigieren so schnell vonstattengeht, nähert sich der Satz auf dem Computer der gesprochenen Sprache, der Text fließt ungehemmter als beim Schreiben mit der Hand, die Sprache verändert sich, wird leichter, schneller, verständlicher – nicht vorstellbar, dass Adorno seine komplizierten Sätze, die dauernd einhalten und sich vor dem schon andrängenden nächsten Gedanken verbeugen, um auch diesen noch im selben Satz mitzuschleppen, auf einem PC geschrieben hätte.

Doch obwohl nun jeder seine eigene Druckerei im Hause hat und seine Worte beliebig vervielfältigen kann, bleibt das Schreiben, bleiben Papier und Feder das eigentliche Glück des Tuns. Die Lust am Original erlischt für den, der sie einmal genossen hat, nie und nimmer. Sich beugen über das Blatt, die Verbeugung vor dem, was auf ihm steht, heiligt erst den Schreibgenuss. Der Weg vom einhändigen Schreiben zum beidhändigen ist der Weg vom Original zum Druck, vom Malen zum Kopieren, vom Selbstgespräch zur Rede. Und Schreiben heißt nun einmal Selbstgespräch – die Bewegung der schreibenden Hand hat etwas von Onanie. Das Papier ist ein bleiches Gesicht, das einen ansieht, zuhört, aber kein Wort spricht. Man denkt an die anderen, für die man schreibt, und doch ist man dabei so wunderbar allein. Selbstherrlichkeit – eine Sünde, dem Schreibenden aber wird sie von Gott und der Welt nicht angekreidet.

Lesen

Es *muss* etwas passieren! Etwas *Unglaubliches*! *Jeden* Tag – dies wusste auch die »Frankfurter Allgemeine Zeitung« in den achtziger Jahren, da sie täglich am Ende des politischen Teils ihren Lesern eine »kleine Geschichte« anbot, nur ein paar Zeilen lang: Ereignisse, die so unglaublich waren, dass man sie nicht mehr für Nachrichten halten konnte. Die Unglaublichkeit überbot den berichteten Schrecken der Nachricht und machte sie zum Lesespaß. Übertreibung bis zur Unwahrscheinlichkeit ist ein erprobtes Mittel, das Furchtbare zu bannen, damit es das Schöne werde. Denn das Schöne ist nicht, wie Rilke dichtete, des Schrecklichen Anfang, sondern umgekehrt: das Schreckliche ist des Schönen Anfang. Und eines der probaten Mittel, den Schrecken zum Anfang des Schönen zu machen, ist es, dass man, wie eben damals in den Zeitungsgeschichtchen, nichts glauben muss von dem, was erzählt wird: Zum Beispiel glaubt keiner, dass eine Maus ein brennendes Haus retten kann. Und dennoch wusste man, dass eine Zeitung Geschehen nicht erfindet, sondern Fakten berichtet und dass sie auch diesmal wieder dem Leser eine Realität erschlossen hat.

Die geistreichste Art, das Schreckliche in Schönheit zu verwandeln, ist es, das Unglaubliche zu steigern bis zu dem Grad, da es in Fantasie oder Witz übergeht. Die Geschichten, die man am liebsten liest, sind Schauerlichkeiten, die ein Ende nehmen, bei dem der Leser nur noch den Kopf schüttelt. Nichts aber wird ihm, so weiß er, beim Unglück, von dem er gerade liest, geschehen, und doch meint er, er sei mittendrin. Das Schreckliche ins Schöne hinüberzuführen – dazu reicht, bei viel und auch bei wenig Geist, schon ein bequemer Sessel. In seine Polster versunken, von seiner Gemütlichkeit verwöhnt, wird alles Ungeheuerliche, von dem der Leser erfährt, harmlos und zur angenehmen Unterhaltung. Die wilden Schauerlichkeiten, wie man sie in Büchern oft genug findet, zu genießen, genügt aber, falls kein Sessel da und falls man ein Kind noch ist, allein schon die Hand des Vaters.

So war denn auch das erste Buch, das mir vorgelesen wurde und dessen ich mich erinnere – viele andere mögen vorausgegangen sein –, ein ganz, ganz schönes! Und doch erschien es mir, als ich es vierzig Jahre später aus kritischer Distanz noch einmal selbst las, als das erdenklich Bösartigste, was man einem Kind vorsetzen kann: der »Struwwelpeter«. Sadismus sondergleichen in jedem Wort und jedem Bild – doch die Hand des Vaters auf der Schulter war warm, und die spöttische Stimme, mit der er las, verkehrte die Unholde und Bösewichter der Geschichtchen in drollige Figuren, ihre Taten in Wunder, Zauber, Fantasie. All das, was Erziehungswut sich an Grausamkeiten ausgedacht hatte, war ein Spaß: So ließ sich lachen, schadenfroh, über die brennenden Katzen wie über schöne Fackeln, über den bösen Friederich, diesen Narren, über den fliegenden Robert auch, der hieß wie mein Bruder, dem das Bilderbuch eine wunderbare Himmelfahrt vorauszusagen schien.

Die ästhetische Erziehung ist keine moralische Erziehung, wie Schiller mich später lehrte. Sie beginnt beim Kind, beim Kleinkind sogar, und von da an ist und bleibt die Bedingung allen ästhetischen Genusses Körperwärme. Der Körper, der liest, muss sich seiner sicher sein. Er weiß, dass er, sobald er sich aufs Lesen eingelassen hat, das Auge nicht mehr braucht, um wachsam die Umwelt zu kontrollieren. Nun richtet es sich nur noch auf Buchstaben, sperrt es sozusagen hinter dieses Gitter, das die Buchstaben eben sind. Die Augen sind die einzig Gequälten beim Lesen. Je monotoner die Welt ist, die vor ihnen liegt – und was ist schon eine Buchseite anderes als eine tote Welt für ein waches, neugieriges Auge –, desto freudiger arbeitet der Geist, sich seine eigene Welt, eine erlesene und auserlesene, zu erfinden.

Büchersüchtige, die lebenslänglich hinter diesen Buchstabengittern sitzen, kokettieren gern mit ihrer Begeisterung für die Gestalt, das Aussehen eines Buches; mit viel Feingefühl schwärmen sie von der Haptik des Einbandes, von der Schönheit des Papiers – ich vor allem erinnere mich am liebsten an das sogenannte Bibeldruckpapier, das, eigentlich eine evangelische Tradition, auch in meinen katholischen Gebetbüchern vorkam und die Klassikerausgaben kostbar machte. So also liebt der Maler seine Leinwand, die wenig ist, ehe er etwas darauf gemalt hat, und dennoch, sie wird *seine* Welt fassen. Und so also liebt der Leser sein Buch, Einband und Papier, über das sich so viel Welt in seinen Kopf einschleicht. Leere – die der Zeit, Leere aber auch von Papier und Leinwand sind ein Appell an den Geist, und nur in solcher Funktion ist das Material schätzenswert. Auch das Buchkunstwerk des Bibliophilen ist ästhetisch nur so nebenbei, eigentlich aber ist es eine Aufforderung, mit dem Fantasieren zu beginnen.

Die ersten Bücher, die ein Kind kennenlernt, sind für dieses nichts als Schachteln, in denen etwas versteckt ist, was erst die Stimme eines anderen zum Klingen bringt. Beim Vorlesen schon beginnt die Entlassung des Körpers, die Lesen erst zum Glück macht. Lesen ist mehr als ein Vergnügen, es ist ein Glück, weil man, sobald man sich ins Buch vertieft, ein Mensch ist ohne Leib. Einen Leib haben, heißt, den Gesetzen der Gravitation zu unterliegen und gegen diese anzukämpfen. Jeder Arm, der sich hebt, will wieder sinken, der Körper, der übers Seil springt, verspannt sich, um dies zu leisten, und wie leicht geht es, wenn er darüber hinweg ist, wieder abwärts; er stolpert, und die Hybris endet gar mit einem Knochenbruch. Kraft braucht es zum

Widerstand gegen die Fessel Erde, die alle Körper so dauerhaft spüren, dass sie sie nicht mehr spüren.

Wer aber hätte sich je beim Lesen die Knochen gebrochen? Leben, diese Kraftentäußerung, verdämmert beim Lesen: Die Muskulatur des Dauerlesers verkümmert, zu essen vergisst so mancher, der viel studiert. Es entstehen der dürre Leib und der Eierkopf, der auf seinen Muskelschwund stolz ist und sich rühmt, ein Intellektueller zu sein. Währt allerdings die Leseleidenschaft lang genug, dann hat ihn doch die Erde wieder: Sein Rücken schmerzt, die Schultern knarzen, die Augen brennen.

Diese Schwerelosigkeit, die abhängig macht, begann mit dem gehörten Text, mit der Erzählung des Vaters, zu dem ich am Morgen ins Bett kroch und auf fränkisch radebrechte: »Rodkäbbchen sach!« Hier genoss ich in der Morgenstunde Sicherheit und Körperlosigkeit, wie sie zum Lesen eines Textes eben gehört. Nicht um etwas zu lernen, sondern damit die Welt nicht ganz verloren gehe dabei – was ein wirklicher Schreck wäre –, müssen Kinderbücher Bilder haben und der Text eine Stimme, die des Erzählers oder Vorlesers. Zum Gefühl der Sicherheit, die Lesen erst ermöglicht, gehört das Vertrauen, dass Welt und Körper trotz der entfliegenden Fantasie einander freundlich verbunden bleiben. Solch ein Gefühl verschafft im Erwachsenenalter die Tasse Kaffee, die die Lektüre diesseitig bleiben lässt, oder die Zigarette, denn erst so ist dann doch die Angst, der Welt verloren zu gehen, dem Glück der körperlosen Sicherheit komplementär. Nicht etwa aus Geistes- und Gedankenschwäche hebt man immer einmal wieder den Blick vom Buch, steht auf und tut einige Schritte durch den Raum, sondern aus dem Bedürfnis nach Rückkehr in die Welt, die über der Unglaublichkeit der Erzählung doch nie so ganz vergessen sein will.

So geht denn auch mein Weg, der Weg des heranwachsenden Kindes, aus dem Bett des Vaters in den Sessel im Wohnzimmer, an dem von Zeit zu Zeit die vier Brüder vorbeikommen und, als ich schon das Gymnasium besuchte, sagten: »Ah! Die höhere Tochter liest schon wieder!« Vier Brüder fördern das Lesen einer kleinen Schwester sehr. Sie entkommt ihnen gottlob ins Buch und dort in eine Welt, in die sie nicht mitlaufen können – oder doch? Bücher sind ein Asyl, das nicht riecht, nicht blendet, nicht dröhnt, nicht juckt, nicht schmerzt. Wer an diese Welt glaubt und in sie entflieht, will bald aber doch wieder zurück aus dem sinnenlosen Zauberland in die sinnliche Wirklichkeit auch von vier wilden Brüdern.

Beides, Flucht und Rückkehr, wurden mir von diesen Brüdern, ungebildet, wie sie waren, leicht gemacht. Der Tag war still und gut zum Lesen geeignet, denn sie gingen zur Arbeit und waren, je nachdem, Verkäufer im Farbengeschäft, Friseur, Student. An den Abenden aber und am Sonntag zelebrierte dann einer, der schöne Lieblingsbruder, zusammen mit meinem Vater und mir die Rückkehr aus der Bücherwelt nach Würzburg und in unser Wohnzimmer. Ich hatte, während die beiden unter der Woche fleißig arbeiteten, alle Bände von Karl May, derer ich habhaft werden konnte, gelesen, der Bruder und mein Vater eilten mit dem Lesen hinterher, und so machten wir das Wohnzimmer zum Lager in den Great Plains, wir waren Old Shatterhand, Winnetou, Nscho-tschi. Ein Leben lang sorgte sich der Würzburger Winnetou um seine Schwester. In der Ölkrise etwa, als sie, vierzigjährig, mit dem Auto – das immer noch der Mustang aus der Prärie war – hinter ihm her in eine Tankstelle ritt, die ein paar Tropfen Benzin zu verkaufen hatte, mahnte der Dreiundfünfzigjährige den Tankwart, der ihn bediente: »Mei' klein's Schwesterle braucht au' Benzin; sonst kommt ihr Gaul mit mei'm net mit.«

Damals nämlich, mit vierzehn Jahren, ritt sie mit ihm auf einem Mustang durch die Steppe, sprang vom Pferd, legte das Ohr auf die Erde, um das Nahen eines feindlichen Stammes auszukundschaften, und verbeugte sich mit dem roten Bruder vor unserem weißen Freund Old Shatterhand, dem Vater. Lesen fördert man bei Jugendlichen, um ihnen über die Poesie auch eine Ahnung von Welt zu verschaffen. Vor allem aber, um sie zu »bilden«. Über das Land aber, von dem ich las, Amerika, die Prärie, wollte ich nichts wissen, bilden wollte ich mich nicht. Von den wirklichen Verhältnissen in jenem Amerika, mit dem ich mich gerade beschäftigte, hatte ich keine Ahnung, wusste nichts von der Verdrängung der Indianer in ihre Reservate. Gebildet war ich: Ich kannte das gesamte Werk von Karl May, ich hatte ein weites Land in meiner Fantasie, aber von Amerika, wo auch Karl May nie gewesen war, wusste ich nichts. Bildung, die sich in Büchern auskennt, dient mehr dem emotionalen und intellektuellen Training, weniger der Wissensvermittlung.

Begleitet vom Achselzucken der anderen drei Brüder, lief dieses Spiel so vor sich hin und eine Zeitlang weiter, so lange, bis ich eine andere Verbindung von Fiktion und Wirklichkeit fand, wie sie notwendig ist, damit Lesen Glaubenssache bleibt und Glück bereitet. Die Wirklichkeit, in die das Gelesene nun einging, war das Theater, ein realer Ort, an dem ich mein einsames Lesen in die Gesellschaft integrieren konnte. Ich las Schiller, lernte Rollen auswendig, war Karl Moor, Max Piccolomini, Lady Milford – Frau oder Mann spielt in der Poesie keine Rolle –, ging ins Theater und sah, dass es das, was ich einstudiert hatte, wirklich gab.

Diese Verkörperung der Literatur in realen Personen bestätigte ich mir, indem ich mich in den ersten Liebhaber des Stadttheaters verliebte. Ich nannte ihn Leander nach seiner Rolle in Grillparzers Stück »Hero und Leander«, setzte mich aber nicht an die Stelle der Hero, weil mir solch eine verliebte Identifikation blasphemisch erschienen wäre. Ich machte ausfindig, wann er Proben hatte, lauerte ihm vor seiner Wohnung auf und begleitete ihn in drei Metern Abstand bis zum Bühneneingang, wo er verschwand. Unsere Klassenbeste machte diese Touren mit. Binnen kurzem aber war das poetische Spiel für mich so ernst, dass ich sie verscheuchte und ihr die Begleitung nicht mehr erlaubte, weil sie, so sagte ich, der Lese- und Theaternarr, die verehrende Wallfahrt nicht ernst genug nähme; sie wolle mit mir zusammen sein, war mein Vorwurf, sie wolle nicht dem »Geist« – was stellte ich mir darunter vor? – dienen, sie wolle sich nur unterhalten.

So war, anders als auf der Bühne, wo fiktive Tragödien stattfanden, eine kleine wirkliche Tragödie entstanden. Jeden Morgen fand ich Bonbons auf meiner Schulbank, und bittende Blicke gingen von der nächsten Bank herüber zu mir, doch ich war standhaft und durfte, so redete ich mir ein, nur die Kunst, den Mimen und das Theater lieben. Die gesamte Klasse war entsetzt von meiner herzlosen Bildungswut.

Das Theater blieb der kulturelle Ort meines Lebens, bis Armin Petras mich zunächst in Berlin aus einer Aufführung des »Prinzen von Homburg« vertrieb, wobei mir viele Zuschauer folgten, und dann aus allen seinen Aufführungen in Stuttgart, wo bald die ganze Stadt floh. Das häusliche Indianerspiel in der Kindheit war die Vorbereitung aufs Stadttheater gewesen, das Stadttheater eine Art Befreiung aus der Fiktion, in die die Lektüre mich eingeschlossen hatte. Mit dem Besuch im Theater war das Lesen zur sozialen Erfahrung geworden, zur kulturellen

Pflicht, die mir Teilhabe an der Gesellschaft garantierte. Das freilich ist einer Vierzehnjährigen nicht bewusst, aber immerhin konnte sie nun mit ihrer Mutter, die gern ins Theater ging, darüber reden. Die einsame Lektüre von Büchern hingegen machte stumm, während man sie las wie auch danach.

In den fünfziger Jahren war das Theater die Bildungsstätte des Bürgertums schlechthin. Dort trafen sich die Leser und demonstrierten sich gegenseitig, dass sie Zeit für diesen Luxus hatten und für das, was man auf der Bühne daraus machte. Nicht zufällig begann die Studentenbewegung, die sich für eine politische Revolution ausgab, tatsächlich aber eine kulturpolitische war, in Deutschland auf dem Theater. Sie richtete ihre »Publikumsbeschimpfung« gegen das bildungsbürgerliche Theaterpublikum und forderte eine neue provokante Lesart der klassischen Literatur. Ihr Affront richtet sich nicht gegen die Literatur, die sie ernster nahm als je ein Theater vor Brecht, sondern gegen die Zuschauer. Ihr Feind war nicht das Kapital, sondern seine kulturelle Repräsentation, die »Schickeria«. Während die Regisseure auf der Bühne sich daran machten, die Stücke neu zu lesen, mischten sich im Foyer unter die Gäste verschlampte Figuren in Jeans und Pullover, eine modische Undenkbarkeit damals, eine Frechheit, die gegen die leere Eitelkeit der Bürger, gegen ihre »Einbildung auf Bildung« protestierte.

Der Appell kam an, denn kaum einer wagt sich heute noch in ausgesuchter Kleidung, sei sie feierlich, schön, witzig oder frech, ins Theater. Den Bildungsbürger löste der Moralarbeiter im Nicht-Anzug ab, die Schickeria der Kulturprotestant. Auch der Topmanager kommt nun zur Tarnung in Jeans und T-Shirt in Theater und Konzert. Heute sind die Besucher fast nur noch Senioren, die mit dem modischen *dress down* ihr politisches Gewissen und die Moral der Aufführung signieren.

Die erdachte Welt der Bücher, so erfuhr ich also im Theater, verwandelte sich hier in eine eigene Art von körperlich fassbarer Realität. Zuerst also im Theater suchte ich die verlorene Wirklichkeit und blieb doch, solange ich Schülerin war, alleine. Ich trottete nach einer Aufführung in der Nacht nach Hause, fand am Morgen aber keinen, der mich nach meinem Theaterglück fragte. Meine Brüder – das Indianerspiel mit dem einen war eine zeitbegrenzte Ausnahme – waren hartnäckig resistent gegen Bücher. Für meinen ältesten Bruder etwa, dies ein Beispiel seiner Widerstandsfähigkeit gegen Buchstaben, schrieb ich, als Geschenk zu seinem 50. Geburtstag, eine kleine Geschichte meiner Kinderjahre mit ihm als dem zweiten Vater, ließ die Schrift selbst drucken und binden und meinte nun, ihm eine Freude gemacht zu haben. Erst als er Einiges über Siebzig und als eifriger Sportler durch Rückenschmerzen am Ausgehen gehindert war, sagte er völlig unerwartet: »Ich habe in das Büchlein reingeschaut – nun ja, ich sehe das natürlich ganz anders als Du.« Zwanzig Jahre hatte das Buch auf seine Beachtung warten müssen und Achtung schon gar nicht gefunden.

Erst mit dem Studium fand ich eine Möglichkeit, über das sphärische Glück des Lesens hinweg wieder einen Kontakt zur Welt zu finden: das Gespräch. An der Schule, zwischen den Freundinnen hatte es das nicht gegeben. Jugendliche überhaupt sprechen selten über ihre Lektüre. Der Mensch jedoch, der Leser bleibt und mit Büchern lebt, will seine Leseerlebnisse mitteilen, die wohltuendste Sehnsucht dieses Einsamen ist die Gesellschaft anderer Leser.

Das Gespräch, das nicht Plaudern ist und das es braucht, damit Literatur auch im Erwachsenenalter glücklich macht, lernte ich erst an der Universität kennen, und zwar nicht nur in den Lehrveranstaltungen. Nach diesen luden Professoren häufig ihre Studenten zu einer gastronomischen Nachfeier ein, wobei die Schüler Reden als Lebensstil lernen sollten. Auf diese Weise konnte man als Studentin allmählich den Stil des männlichen Konkurrenzredens beobachten und sich selbst darin üben. Ich hatte als eine der wenigen Frauen, die damals studieren durften, den Vorteil, genug Männer kennenzulernen, deren Rede mir zum Training diente.

Die unweibliche Fähigkeit, mit gelehrten Männern zu diskutieren, wurde vor allem in Stuttgart, da ich nun selbst habilitiert war, zum gesellschaftlichen Problem. Meine Beteiligung am männlichen Diskurs behinderte den gesellschaftlichen Umgang. Einige Professoren trennten sich damals von ihren Ehefrauen, die man hätte »brave« nennen können, und heirateten Studentinnen, die nicht selten selbst die universitäre Laufbahn einschlugen. Die meisten Professoren aber blieben bei Weib und Kind. Im geselligen Umgang mit Professoren waren diese Ehefrauen Begleiterinnen, die wenig sprachen, freundlich schauten, während die Männer diskutierten, als säßen sie im Seminar. Nun aber kam mit mir eine Frau hinzu, die sich, da ich schon so viel gelesen und gedacht hatte, in die männliche Diskussion mischte. Ich verletzte damit die weibliche Solidarität. Die andere Frau war isoliert, saß nun schweigend da, blieb immer freundlich, fühlte sich aber offensichtlich bloßgestellt und beklagte sich vermutlich zu Hause bei ihrem Mann. Die Kommunikation mit dem Kollegenehepaar erlahmte, erlosch. Das war fast gesetzmäßig. Ich fand das traurig, schuldig fühlte ich mich nicht. Wir ersetzten die Kollegen durch Studenten, oft und gerne auch durch Studentinnen, und die Rede mit diesen jungen Frauen mit den jugendlich-munteren Augen und dem Haarwust unterhielt mich und uns, das Paar, besser als jeder Professorendiskurs.

Aus der Gesellschaft der Lesenden kehrt der Leser zurück in die Gesellschaft der Bücher. Das Gespräch mit anderen Lesern über Bücher setzt viel Zeit des einsamen Lesens voraus. Leser wohnen deshalb in Büchern. Um so seltsamer war es, als in Stuttgart die Rede kursierte und mir mehrmals zugetragen wurde: »Die Schlaffers haben überhaupt keine Bücher.« In der Tat, keiner, der als Gast in dieses Haus kommt, wird ein Buch sehen. In einem Salon, in dem Gäste empfangen werden, finden selten Gespräche über Bücher statt. Deshalb haben wir aus dem Hauptgeschoss unseres Hauses die Bücher verbannt. Allerdings mag ich auch keine Bücher in meinem Arbeitszimmer sehen, und wenn ich dorthin einen Gast führe, wundert er sich noch viel mehr. Mein Respekt vor Büchern ist zu groß, als dass ich in ihrem Angesicht noch selbst etwas schreiben könnte. Jeder Satz wäre eine Konkurrenz mit diesen Geistern, die den Schwung meiner Schreiblust bremsen würden. Jedes Buch ist, auch wenn man zehntausend davon hat, eine Autorität, und gegen die fällt die Widerrede schwer. Also kann ich mit Büchern nur zusammen sein, wenn ich mich ihnen unterwerfe, sie lese. Es gibt viele Sitze in diesem Haus, wo Bücher die Wand dekorieren, wo sie in die Hand springen, mich einfangen, um mich zu entlassen als Leser mit einem neuen Gesprächsthema. Ich denke nach über mich und meine Bekanntschaft und stelle fest, dass ich nur mit Lesern verkehre. Der Leser ist ein Gemeindemitglied: Mit Büchern führe denn auch ich Gespräche in der Einsamkeit, um damit in gute Gesellschaft zu kommen.

In Gesellschaft von Sportlern

Sport fand in den fünfziger Jahren des vorigen Jahrhunderts außer Haus statt. Niemand hätte daran gedacht, sich im Schlafzimmer einen Hometrainer aufzustellen – es gab ihn deshalb schon gar nicht –, keiner der acht Einwohner unserer 80 qm wäre auf die Idee gekommen, die Arme auszubreiten, rechts zu wedeln, links zu wedeln, Liegestütze zu machen, den Ausfallschritt, Sit-ups, eine Brücke, die Standwaage oder einen Handstand gar. Hätte einer auch nur die Fersen abgerollt oder sich dreißig Mal auf die Zehenspitzen gehoben, der gesamte Männerverein, vier Söhne, ein Vater, hätte ihn ausgelacht.

Sport fand auf dem Sportplatz statt und hatte seine festen Zeiten. Die Hoch-Zeit war der Sonntagvormittag, wo drei Brüder »kicken« gingen, zwei gegen einen, in zwei unterschiedlichen Vereinen, die gegeneinander spielten, den »Würzburger Kickers« und »Würzburg 04«. Sauber, aber immer zu spät kamen die drei danach zum Sonntagsessen und warfen die schmutzige Sportkleidung in die Badewanne. Nach der verärgerten Klage meiner Mutter, einer guten Köchin, dass alle Speisen »wieder einmal« hatten warten müssen und verkocht seien, begann das Mahl und eine heftige Diskussion über Fehlpässe, Fouls, Elfmeterschießen, verpasste und genutzte Torchancen. Der endgültige Schiedsrichter aller Spiele war mein Vater, der in den zwanziger Jahren ein bedeutender Tormann gewesen sein soll. Seine Buben fraßen und verstanden von dem guten Essen nur, dass es den Magen füllt und den Hunger stillt und den Körper stählt.

Mit meinem Vater war ich, damals zwischen zehn und zwölf Jahre alt, zuvor auf dem Fußballplatz gewesen, einer unebenen, matschigen Wiese mit vielen Löchern, in denen die Spieler bei Nieseln und Regen ausrutschten. Den Platz begrenzte ein wackeliger Balken, mehr nicht, ungefähr in der Höhe meines Kopfes, ich hätte gut hindurchschlüpfen können. Die zuschauenden alten Herren lehnten sich gelangweilt darauf oder darüber, je nachdem, ob ihnen das Spiel nicht genug Spannung bot oder zu viel. Falls ein Tor fiel, ging ein leises Raunen durch die dreißig bis vierzig Zuschauer. Laut sein wäre ungehörig gewesen. Manchmal gaben sich die Leute Zeichen, schüttelten den Kopf, nickten oder lächelten bewundernd, je nachdem. Mein Bruder Werner, der in der schlechteren Mannschaft gegen die beiden anderen Brüder in der besseren spielte, war der Schönste auf dem Platz und verlor immer, und ich weinte immer.

Mimisch und gestisch steigerte sich das Spiel erst zu Hause beim Sonntagsessen, als mein Vater das Wortgefecht mit seinen Söhnen ausfocht. Die Leidenschaft der Diskussion war wohl noch immer getragen von der Begeisterung, die der Nationalsozialismus für den Sport entfacht hatte. Victor Klemperer beschreibt in seinem Buch »LTI« die Aufdringlichkeit, mit der im Dritten Reich das sportliche Vokabular genutzt wurde, um zu Krieg und Kampf anzufeuern. Mag sein, dass auch meinen Brüdern, alle fünf waren Soldaten gewesen (einer kam aus dem Krieg nicht zurück), noch die Ohren geklungen haben, dass also ihr Fanatismus zum Teil eine Folge dieser sportlichen und sprachlichen Erziehung war. Wie gut habe ich noch ihre tiefen, männlichen Stimmen im Ohr, die sonor das militärisch gefärbte Lob ertönen ließen: »Der ist eine Sportskanone!«

Die Männer also diskutierten über das gerade beendete Spiel, sie bellten sich an, die Frauen, meine Mutter und ich, rollten die Augen zum Himmel, denn nichts interessierte sie an diesem Streit, an dieser Aufregung, in der gedankenlos der Braten verschlungen wurde. Fußball war Männersache, und so mussten Frauen sehr deutlich zeigen, dass sie nichts davon verstehen *wollten,* und die Männer gaben zu verstehen, dass sie nichts davon verstehen *sollten.* Eine »Mama« wurde zwar hochverehrt und geliebt in diesem sportbegeisterten Milieu, aber vor allem war sie Dienerin der Mannschaft. Nachdem sie die Töpfe mit Speisen für die fünf Männer auf den Tisch gebracht hatte und diese geleert waren, erwartete sie eine nächste, nun schon gar nicht mehr erfreuliche Aufgabe: wieder ein voller Behälter, die Badewanne nämlich.

Dort hinein hatten die Sportler alles geworfen – oder besser sollte man es in ihrem Stil sagen: »geschmissen« –, was verschwitzt, verdreckt, zerrissen vom Sportdress übriggeblieben war. Die Wanne war voll von Hemden, Hosen, Socken, Stirnbändern, Bandagen, und alles dies musste am Montagmorgen in der dampfenden Waschküche im Kessel ausgekocht werden – wobei ich helfen durfte beim Aufhängen. Mein eigentlicher Dienst am Sport begann aber erst danach, wenn alles getrocknet und wieder sauber war: Ich musste beim Aufwickeln der schützenden Binden helfen. Schienbeinschützer und Bandagen waren so kurz nach dem Krieg nicht zu haben. Die Fußballspieler umwickelten ihre gefährdeten Gelenke mit dem üblichen Verbandsmaterial, einfachen weißen Binden, und diese mussten allwöchentlich und nach jedem Spiel gewaschen und nach dem Trocknen für den nächsten Gebrauch wieder aufgerollt werden.

Meine Mutter stellte sich dazu im Wohnzimmer, dem einzigen Aufenthaltsraum der vielköpfigen Familie, etwa anderthalb Meter entfernt von mir auf; jeder von uns beiden hielt das Ende einer Binde, und nun begann die eine oder die andere damit, diese einzurollen. So näherten wir uns etwa zehnmal hintereinander Montag für Montag einander an, sangen dabei oder erzählten Geschichten und lieferten am Abend, wie erwünscht und erwartet, die Binden und Ersatzbinden an die brüderliche Mannschaft ab.

Jede Familie, auch wenn sie nicht von Adel ist, identifiziert sich durch einen Titel, der mehr bedeutet als ihr Name. Wir also waren die *Sportlerfamilie*. Meine Nichte, zehn Jahre jünger als ich und Tochter des besten unter all den Fußballern, der bei Eintracht Frankfurt und Atlético Madrid gespielt hatte, seufzte, als sie ihr erstes Kind erwartete, auf gut fränkisch: »Hoffentlich wird's e echter Spoddle!«

Dies alles geschah in einer Zeit, da Fußball noch nicht delegiert war an Mannschaften, deren Mitglieder zwar namentlich bekannt, die aber dennoch dem, der sich für sie interessiert, persönlich unbekannt bleiben, wie es heute der Fall ist, wo das Spiel aus der Distanz durch Auge und Ohr wahrgenommen wird, der Sportler nicht schwitzt, nicht stinkt. Die Sportler der fünfziger Jahre waren Körper, die man anfassen konnte, Menschen, die mit einem redeten, deren Muskeln man befühlen durfte, deren Arbeit man roch.

Am Montag allerdings war auch damals schon der wichtigste Teil in der Zeitung der Sportteil, in dem von solch persönlich nicht gekannten, aber gerühmten Spielern die Rede war. Damit begann die mediale Vermittlung des Sports, die das Interesse immer mehr vom Vereinssport abzog. In der Zeitung zeigte sich zum ersten Mal nach dem Krieg die Welt als Sport-Welt denen, für die bis dahin der Sport ein Heimspiel gewesen war. Bald entstand auch eine eigene Sportpoesie, die Fußballreportage. Der Reporter, eine neue Erscheinung, avancierte zum Sprachkünstler und erlangte das Ansehen eines Rhetors. Seine Rede machte das Spiel in der Ferne zur Erregung in der Gegenwart und wurde gerühmt und genossen, mehr noch als die Auftritte von Gustaf Gründgens, der die Herzen theaterbegeisterter Frauen, das meiner Mutter etwa und das meine, höherschlagen ließ.

In den ersten Jahren des Mikrophons meinte jeder, der davor stand, er sei zu hören nur, wenn er schreie – die Leute, die er erreichen wollte, waren ja doch so weit weg! Jeder sprach erregt und pathetisch, jeder bellte hinein. Das veranlasste nicht nur Thomas Mann zu übertriebener Lautstärke vor dem Mikrophon, das bewirkte auch den Erfolg Hitlers, der seine und aller Verlegenheit vor der neuen Technik nutzte und Lautstärke zur politischen Machtdemonstration nutzte. Das Mikrophon war *das* Ereignis des 20. Jahrhunderts, ebenso kulturprägend, wie es heute die digitalen Medien sind. Dass heutzutage die Begeisterung für das Fußballspiel durch die Fernsehübertragung im Wohnzimmer stimuliert wird, ist evident, vergessen aber ist längst, welch eine Wirkung damals die Rundfunkreportage für die Veränderung des Sports und seiner Rezeption bis heute hatte. Hitlers Geschrei, das ich als Kind am damals noch neuen Volksempfänger gehört hatte, war verstummt, doch ahmte der Reporter nun den Gestus nach, und der Beifallssturm von einst setzte sich fort in den Wohnungen, wo die Zuhörer hüpften und jubilierten.

Nach dem Krieg war der Sport die Fortsetzung der militärischen Disziplin im Privatleben. Meine Brüder dachten bei ihrem Spiel nicht an Lust, auch nicht an Geld, am allerwenigsten an Gesundheit, sie dachten an Disziplin und Mannschaftsgeist. Als der Älteste schon mit 78 Jahren starb, aber eben doch sehr langsam starb, starb er wie ein Sportler. Die Zerstörung dieses trainierten Körpers dauerte lange, und sein Sohn erklärte dies so: »Er ist eben unheimlich fit.« Das war ein Kommentar aus dem 21. Jahrhundert des Gesundheitsfanatismus über einen Körper aus dem 20. Jahrhundert der Mannschaftsdisziplin. Der Mann, der einst Fußballspieler und davor Tennisspieler gewesen war, der im Krieg schnell zum Offizier avancierte und sechsmal die deutsche Jugend in Wimbledon vertreten durfte, hielt sich fit, nicht, wie sein Sohn meinte, um sein Leben zu verlängern, sondern um sich für Staat, Familie, Beruf zu perfektionieren. Immer stand er im Dienst und seine Gesundheit mit. Für die sozialen Aufgaben strampelte er sich in seinen späteren Jahren auf einem Hometrainer ab, der feudal aussah und mit einem Fernseher ausgestattet war, denn der Bankvorstand musste auf dem Laufenden sein und jede Sekunde nutzen. Auch hier wurden die Muskeln trainiert: fürs Bankgeschäft. Vor allem kostete der Senior, der noch immer als Aufsichtsrat und Vereinspräsident von Sitzung zu Sitzung eilte, die neue

Möglichkeit aus, auf dem Hometrainer, auf dem er sich erfolglos um Lebensverlängerung bemühte, auf dem Fernsehapparat den Fußballspielen in den großen Arenen zuzusehen, die zu kennen und über die zu diskutieren mit den Geschäftsfreunden im Alter eine selbstverständliche Verpflichtung geworden war. Zum Training und zur Ertüchtigung für sein Geschäft bestieg er auch, wie eh und je, die hohen Alpen zum Skifahren, stürzte, zurückkehrend, beim Ausstieg aus der Gondel und starb im Glauben an den Sport.

Da Sportler, wie dieser Bruder, damals noch im Glauben trainierten, sich für den Beruf »fit« zu halten, trennte der Sport auch die sozialen Schichten. Mit der Entscheidung für eine Sportart legte man fest, wohin man sozial gehörte. Das eine Volk mit dem einen Führer, das die Katastrophe überstanden hatte, die alle gleichmachte, legte nun wieder Wert auf Rangunterschiede. Vom Fußball wandte sich mein ehrgeiziger Bruder endgültig dem Tennis zu, damals dem Sport der vornehmen Leute. Am Ende seiner Karriere war der Bankvorstand auch Vorstand seines Tennisclubs.

Mich hingegen meldete mein Vater, der in der Stadtverwaltung als Sportreferent fungierte, beim neu gegründeten Schwimmverein an, bestimmte mich also eher für einen volkstümlichen Sport. Ein Mädchen zum Sport zu bestimmen, war 1952 immerhin ein relativ revolutionärer Entschluss, und das Schwimmen war, neben Rhönrad, Gymnastik oder Tanz, eine der ersten Möglichkeiten für eine Frau, ihren Körper zu trainieren. Auch meine Mutter war stolz auf die Fotos, die es von ihr gab in einem jener so lächerlichen Badeanzüge mit den langen Hosenbeinen, die sie als Schwimmerin auswiesen. Immer sprach sie begeistert vom Baden im Main, nicht nur weil es Spaß gemacht hatte, sondern weil es ihr Stolz war, eine fortschrittliche Frau gewesen zu sein, die allerdings das Wort Emanzipation nie in ihrem Leben zu hören bekam.

Der Schwimmverein aber misshagte meinem »Tennisbruder«, der Wert darauf legte, dass ich in bessere Gesellschaft käme, und auch meine Mutter stimmte dem zu, denn sie hoffte auf einen »passenden« Mann für ihre Tochter. So wurde auch ich in den Tennisclub geschoben, wo in den fünfziger Jahren die Hautevolee der Stadt verkehrte.

Mein Vater hatte in seinem Amt als Sportreferent das »Goldene Racket« begründet, eines der ersten Sportfeste, von denen es heute so viele gibt und deren Ära damals begann. Bei diesem Festival prunkte Würzburg mit deutschen und internationalen Tennisgrößen, mit Ernst Buchholz und Gottfried von Cramm. Man saß so nahe am Spielfeld, wie man vor dem Fußballfeld stand, und folgte unentwegt dem Ballwechsel mit dem Kopf – hin und her, hin und her.

Bei diesen Veranstaltungen lernte ich den feinen Mann und die feine Dame kennen. Gottfried von

Cramm war kein Sportler, sondern ein Herr auf dem Platz, der eine elegante, weiße Hose »mit Schlag« trug, die feine Dame wiederum saß, während er spielte, neben mir in nächster Nähe. Ich lernte, dass eine Dame einen kleinen Mund hat oder ihn klein macht, dass sie kurzes, gelocktes Blondhaar trägt, dass sie ungeschminkt ist, denn noch immer galt das Gebot, das für die Frau im Dritten Reich gegolten hatte: »Die deutsche Frau schminkt sich nicht!« Auch von meinen Brüdern hörte ich dies Gebot wieder, als sie sich ihre zukünftigen Ehefrauen aussuchten. Die vornehme Frau war betont dezent gekleidet und wusste spöttische Bemerkungen richtig zu dosieren.

Noch immer gibt es feine Damen und Herren, nun sogar auch bei den Sportveranstaltungen, die, wie einst Fußball, für sie damals noch nicht akzeptabel gewesen wären. Heute erheben sie das Volksfest »Fußball« zum Staatsereignis. Doch sind die Damen und Herren nicht mehr fein, sondern reich. Geld aber, so zeigen sie, scheidet die Klassen nicht mehr, deshalb tragen sie denselben Stil wie die Menge auf den Rängen. Ihre Mimikry gleicht sich dem Stil der jugendlichen Fans an. Man hüpft zwar nicht in der VIP-Lounge bei einem Tor, trägt aber schlampige Hosen und Hemden, womit man dies durchaus tun könnte.

Ich also hatte nun, etwa dreizehnjährig, mich zu entscheiden zwischen Schwimmbad und Tennisplatz. Der Streit ging günstig für das Schwimmbad aus. Zweimal zwei Stunden die Woche trainierte ich dort, schwärmte für meinen Trainer, einen drahtigen Mann mit ausländischem Namen, denn mehr als Schwärmen wäre für eine Dreizehnjährige undenkbar gewesen, da sie von mehr gar nichts gewusst hätte. Ich wurde unterfränkische und bayerische Meisterin im Rückenschwimmen, schwamm gern im Main um die sogenannte Krähen-Insel (fränkisch die »Kracke-Insel«) herum, brachte alle Beweise für meine Ausdauer, das Freischwimmerzeugnis, den Fahrtenschwimmerschein und vergaß darüber Vater, Mutter, Lesen und Tanzen, was ich, wieder um den rechten Mann zu finden, gelegentlich in der Burschenschaft meines Vaters tun musste und mit missmutigem Gesicht und voller Verachtung für solch weibliche Ziererei hinter mich brachte.

Der Sport veränderte mein Aussehen. Fürs Schwimmen mussten meine langen Haare, auf denen ich, wie Sisi, sitzen konnte, geopfert werden. Mein jüngster Bruder, ein von allen verspotteter Sportmuffel und deshalb der friedlichste von allen und der heiterste, war Friseur geworden, er schnitt mir alle zwei Wochen den Rattenkopf, der schnell trocknete. Auf den Fotos, die es von mir nach den »Siegen« gibt, sehe ich erbärmlich aus: ein armseliger dünner Körper in einem hautengen Badeanzug – hauteng war er nicht etwa des Reizes wegen, sondern damit die Schwimmerin, bei einer reibungslosen Wasserverdrängung des weichen

Stoffes, im Wasser schneller vorankomme – und ein Kopf mit tropfenden Fransen: vom Scheitel bis zur Sohle auf dem Weg zur Siegerin, aber bestimmt nicht zur Miss!

Es war kein Streit, der im Herzen stattfand, jener zwischen Schwimmbad und Tennisplatz, sondern, so lehrte es der Trainer, einer im Körper. Jeder Sport nämlich, so erfuhr die Dreizehnjährige und lernte damit zum ersten Mal ihren Körper bewusst wahrzunehmen und medizinisch über ihn nachzudenken, braucht andere Muskeln, trainiert die Gelenke also an je anderen Stellen. Und so wären also die, die ich beim Tennis entwickeln würde, so sagte er, gerade die, die ich im Wasser nicht brauchen konnte. Ich verachtete also den Tennisplatz, ohne dass mir die neue Kenntnis meines Körpers auch ein ästhetisches Bewusstsein von ihm verschafft hätte: Mit jedem Sport trainiert man sich ein anderes Aussehen an. Schwimmer sind am erfolgreichsten, wenn sie stämmig sind, einen mächtigen Brustkorb haben, kurze Arme und Beine, Tennisspieler tendieren eher zu langen Gliedmaßen.

Widerwillig also ging ich auf den Platz, trainierte auch, wie in den fünfziger Jahren noch üblich, an der Wand. Das war nicht nur eine ungesunde Tätigkeit, die die Gelenke selbst einer Zwölfjährigen ruinierte, es hatte bei aller Abneigung gegen das Training auf dem Platz doch eine Faszination, das Tempo nämlich dieses Ballwechsels mit einer Mauer. Dieser Spaß erlaubte eine – vielleicht ungesunde – Selbstbezogenheit. Mein Bruder hingegen, der eben, der in Wimbledon gewesen war, hatte es in Würzburg auf dem Tennisplatz nicht leicht. Er spielte mit seiner Braut, die er, wie beabsichtigt, in der feinen Gesellschaft kennengelernt hatte, und mit seiner Schwester, die sich auf dem Platz demonstrativ langweilte, mit einem Zuwenig also an Begabung und mit einem Zuviel an Trotz. Die Braut wollte sich fügen, war aber das, was man damals ein »schwaches Weib« nannte, ich wollte nicht und zeigte dies mit jedem Schlag. Meines Bruders Geduld hat ihm einen Platz im Himmel gesichert, denn er hat damit das größte Vergnügen meines Lebens vorbereitet, das Tennisspiel, das ich seit dem Studium mit zunehmender Leidenschaft betrieb. Mit 76 Jahren haben es die geschundenen Gelenke aufgegeben, nicht ich.

Heute siegt bei allen Leuten im Alter das Schwimmen über das Tennisspiel, die Langeweile über den Witz – aus Not diesmal aber, nicht aus Neigung. Wie viele Damen verordnen sich nicht die Leben verlängernde Dreiviertelstunde im Schwimmbad, eine öde Zeit des Hin und Her in einem kahlen Becken, die nur durchstehen kann, wer sich eine Rechenaufgabe stellt: Wieviel ist 387 mal 729? Wo sind die schönen Jahre hin, denke ich, wenn ich mir also doch noch einmal das Wasser verordne, dort rechne und die Sekunden zähle, wo ist das Spiel geblieben, bei dem mir ein Ball entgegenschoss, ein unerwarteter Treffer gelang, dies Spiel, das immer eine geniale Fopperei sein will oder wirklich ist, in dem man in Blitzesschnelle einen raffinierten Rückschlag erdenken muss. Wo ist die Wut über den Partner, der einen reingelegt hat, eine Wut bis zu dem Schwur, jetzt lasse ich mich aber scheiden, ganz bestimmt! Wo der Genuss des gemeinsamen Mittagessens nach dem Spiel, bei dem das Glück des Spiels besprochen und so noch einmal durchgespielt wurde: Tennis, ein Anlass auch zum Gespräch, was beim Schwimmen nie möglich wäre! Welch ein schönes jugendliches Drama also ist das Tennisspiel gegen ein langes Leben aus lauter braven gelenkschonenden und kreislaufstärkenden Gesundheitsübungen: eine Komödie gegen eine viel zu lange Autobiographie.

Noch war in den fünfziger Jahren der Sport vor allem eine Männerangelegenheit, und die ging ernst vor sich. Sport war das Ausatmen der männlichen Energie nach dem großen Kraftverbrauch des Krieges. Das Wunder von Bern war wirklich ein Wunder, denn der erste deutsche Triumph führte das Land wieder als fairen Partner in die Sportwelt ein und ließ es damit zurückkehren in die große Weltpolitik. Aus den Wirtshäusern drang der Jubel auf die Straße, manchmal klirrte Glas, weil einer, der voller Begeisterung der Reportage im Rundfunk zugehört hatte, aufgesprungen war und dabei die tief über dem Wirtshaustisch hängende Lampe zertrümmert hatte – eine kleine Erinnerung an die klirrenden

Fensterscheiben beim Bombenangriff und eine Erleichterung, dass dies Klirren nun so harmlos geworden war.

Mit dem Wunder von Bern wurde der Sport zur akustischen Verpflichtung, er wurde hörbar. Bis dahin verhielten sich die Zuschauer bedächtig und nachdenklich, verfolgten ohne einen Muckser die Anstrengungen der Mannschaft. Nun wurde das Spiel nicht mehr kommentiert, sondern bejubelt. Es begann das Jahrhundert der Ekstase. Sport wurde zum Anliegen der Masse, alle mussten mitmachen, alle die Leistung feiern, so dass sich diese, wo sie sich nicht, wie auf dem Platz, in Können äußerte, in den Stadien als Geschrei ausdrückte. Der Sachverstand des Zuschauers, seine passive Teilhabe am Sport, ging in Begeisterung unter. Jedes Tor ist von nun an *mein* Tor, eine Leistung, die, da so unglaubwürdig, laut gefeiert werden muss. Die sportliche Leistung des Zuschauers ist seine Lautstärke, und diese folgt der des Sportlers auf dem Fuß. Wenn der Fußballspieler einen Treffer erzielt, startet der Jubel und artet in Grölen, Turnen, Tanzen aus. Der Zuschauer erspart sich auf dem Sportplatz eine Stunde auf dem Hometrainer, denn der Leistungssport auf dem Spielfeld regt an zum Zuschauersport auf den Rängen.

Der Eintrittspreis für ein Spiel im Stadion ist nicht gering, vor allem aber kostet die Veranstaltung den Besucher Zeit, meist einen ganzen Tag. Das Spiel ist ein Symptom der Krise der Kirchen, denn die Zeit, die der Gläubige einst für Gottesdienst und religiöse Feste aufbrachte, verbraucht der Fan nun für die Vorbereitung und Teilhabe am Spiel. An solch einem Tag muss er am Morgen aufbrechen, schnell gerät er in den Stau der anreisenden Fans, am Ort braucht er lange, um einen Parkplatz zu finden, danach wartet er in einer Schlange vor dem Einlass, schiebt sich hinein und die Ränge hinauf, findet auf seinen Platz, wartet, bis in entsprechender Langsamkeit sich die Arena gefüllt hat und es endlich losgeht. Nach dem Spiel dauert es wiederum Stunden, bis er aus dem Gedränge heraus und zu Hause ist.

Dieser Gottesdienst, der, wie jeder, alle Sinnesorgane beschäftigt – das Auge ohnehin, das Ohr durch Geschrei und Gesang, den Tastsinn durch die Berührung des Nachbarn, den Geschmack durch Bier- oder Wassertrinken, die Bewegungslust durch Auf- und Abspringen –, diese Teilhabe am Ritual macht gute Menschen aus den Zuschauern. Wir erfahren dies, wenn sich nach einem Spiel an der S-Bahn-Station Neckarstadion die Fans in den Zug drängen. Die Masse ist nun eine andere als die, die nach dem Wasenfest hereinstolpert. Die Bacchanten, die vom Volksfest kommen, haben getrunken, geschunkelt, Mädchen im obligaten Dirndl mit hochgeschnürtem Busen geküsst und sind in ihrem Glückstaumel nicht mehr ansprechbar. Männer hingegen, die mit einer Mannschaft gefühlt haben, nehmen auch den Fahrgast in ihre

Gemeinschaft auf, so er will. Fragt man also etwa, wie das Spiel ausgegangen sei, blicken sie den Frager offen an, antworten mit strahlendem oder traurigem Gesicht. Fragt man, *warum* dies oder jenes Ergebnis, was die Leistungen, was die Fehler gewesen seien, welches die Höhepunkte, dann bersten sie geradezu vor Glück und teilen alles fröhlich mit, was sie dem Spiel, während es noch ablief, an Analyse schon angetan haben. Sie fahren zurück in ihre Städte und Dörfer um Stuttgart; wenn man selbst endlich aussteigen muss, erheben sie sich, strecken die Hand entgegen und bedanken sich, »weil es so schön war, dass Sie mit uns geredet haben«. Die Friedlichkeit und Freundlichkeit schwäbischer Fußballfans schließt auch die ein, die nicht Fans sind. Das Gejohle in der Arena ist für sie nichts anderes als Chorgesang in einer Stadt, die für ihre Chöre berühmt ist.

Ich wollte, als wir 1975 in Stuttgart ankamen, auch diesen Zuschauer-Chor kennenlernen. Vielleicht eine arrogante Neugier: Wie benimmt sich das Volk, die Masse in der Arena? In den siebziger Jahren war Fußball zur Massenbelustigung geworden, der Stuttgarter Verein gehörte zur Spitze der Liga, und so war tosende Begeisterung zu erwarten. Wir kauften Karten, die nicht billiger waren als die fürs Theater. Ausnahmsweise sah sich auch der Oberbürgermeister Manfred Rommel das Spiel an. Anstoß, Stille noch. Zähes Spiel zunächst. Jubel, dachte ich, muss bald kommen! In der Arena aber wurde es immer stiller, das anfängliche Rucken, Scharren im Publikum, die Unruhe und Ungeduld wich einer seltsamen Starre. Gelegentlich ein paar Seufzer, dann wieder Zusammensinken. Offensichtlich war der VfB in schlechter Verfassung, und schließlich hatte er auch zum ersten Mal nach vielen Siegen eine Niederlage einzustecken. Während die Betrübnis wuchs, wandten wir uns an die Umsitzenden und fragten, was dieser Kick, jener Stoß, dieser Pfiff und jenes Gerangel denn bedeuteten – und endlich kam Begeisterung in die Gruppe, die um uns herumsaß. Sofort hatte sie begriffen, dass sie es mit einem Professor zu tun hatte, der belehrt werden musste. Von nun an waren wir nicht mehr unter dem Volk, wir waren im Volk, und das war ein Vergnügen. Die Stuttgarter verließen den Platz nach dem verlorenen Spiel stumm und bedrückt, wir dagegen fuhren nach Hause, beglückt, so als hätten sie den ehrenvollsten Sieg davongetragen.

So leben wir in der Nähe dieser Glücksmaschine Neckarstadion, der Arena, noch heute und hören, wenn der Wind aus Westen weht, die Gesänge aus dem Kessel, besuchen nun aber, uns zu erbauen, lieber die Chöre der Stadt.

Katholisch

Etwa im Jahr 2015, nachdem mein Buch über die City erschienen war, versammelte der katholische Stadtdekan von Stuttgart seine deutschen Amtskollegen und lud mich zu einem Vortrag ein über Stil und Leben in der modernen Innenstadt. Er schenkte mir damit einen der glücklichsten Augenblicke meines Lebens in den letzten Jahren.

Ich kam zur Veranstaltung in dem fast bodenlangen Art-Fur, den ich seit der Studentenbewegung trage, einem schwarzen, fransigen Pelz, eigentlich das Fell schlechthin meiner Person. Der Stadtdekan nahm mir den Mantel ab, hängte ihn an die Garderobe, wo schon die Mäntel seiner Kollegen hingen, mit dem Seufzer: »Den findet man wenigstens sofort wieder!« In der Tat: das ungekämmte Zottelfell eines Sünders unter dreißig gut gebügelten Überkleidern frommer Männer.

Ich betrat den Raum, und *jetzt* schwebte ich. Dreißig gepflegte Männer mit intelligenten Gesichtern – ich atmete tief und selig: Ich war zu einer der Festtafeln meiner Familie zurückgekehrt, alle waren sie da, die Brüder – noch dazu vervielfacht –, sie waren wieder einmal versammelt, endlich! Da wusste ich mit einem Mal, wie katholisch ich bin: aufgewachsen in einer Mannschaft von sechs Männern mit munteren Augen, in einer väterlichen Strenge, die an sich selbst Spaß hatte und mit frommen Sitten spielte, in dezent-farbloser Bürgerlichkeit, wo man um so besser vom Bunten träumen konnte und wo man zur Feier in einem Schwarz auftrat, das leuchtete, das es zu Gold und Brillanten hinzog.

Ich sollte vor diesen Männern, die sich in Stuttgart versammelt hatten, über die Stadt sprechen, die unten vor den Fernstern des Saals vorüberzog, und diese Stadt war vieles, nur nicht katholisch, nur nicht gold und brillant. Die Männer auf der Straße unten legten Wert darauf, unscheinbar auszusehen, sie waren arbeitsam, gleichgültig gegen Verführung, sehnten sich nach nichts. Entschieden arbeiteten und arbeiten diese Männer noch immer an der Farblosigkeit des Stadt- und Straßenbildes. Ein paar Frauen dort unten begehrten ein wenig dagegen auf und erinnerten sich der Farbe.

Dort draußen also bewegte sich durch die Straßen das gerade Gegenteil dessen, was in mir wach geworden war. Denn: Wie stand es nun mit der Farbe dieser Männer, die auf der Straße vorüberzogen? Wo ist *ihr* Gold, wo sind *ihre* Brillanten? Einstmals suchten und fanden die Gläubigen solche Schätze in der Kirche. Der Priester, Inbegriff von Weltverneinung in Schwarz, sobald er auf die Straße trat, zeigte ihnen, was leuchtet, in seinem Heiligtum, er erhob es mit der Monstranz. Die Armen, die keinen Palast und keine Villa hatten, die nur das Braun des Ackers sahen, zog es in die Kirche, wo sich ihr Auge weitete, ihr Herz sich erleuchtete.

Die Kirche aber, dies die traurige Nachricht für die hier versammelten Erinnerungsbilder meiner Brüder, brauchen jene Männer dort auf dem Asphalt, deren glanzlosem Alltag die Kirche einst Farbe und Pracht gegeben hatte, nicht mehr. Jede Minute steht diesen Passanten eine Buntheit von nie dagewesener Grellheit zur Verfügung: Farbe ist heute alltäglich, in Schaufenstern, auf Reklametafeln, und nichts leuchtet in diesem Alltag so aggressiv wie das Bild auf dem Bildschirm, auf den die Menschen schauen, sobald sie sich ihrer Schritte sicher sind. Dem jungen Mann von heute ist der Priester am Altar inzwischen mehr noch ein Alien als das Figürchen, das er sich auf dem Smartphone herzaubert.

Seit je lenkt die Kirche ihre Gemeinde durch eine Moral, die Askese gebietet, und einen Auftritt, der alle Sinne erregt. In der Beichte entledigte sich der Gläubige all dessen, was ihn verführte, der Gottesdienst aber, der darauf folgt, reizte seine Wahrnehmung in einem Maße, wie es vor der Epoche der technisch hergestellten Imagination nicht möglich gewesen wäre. An alle fünf Sinne hatte die Kirche gedacht. Schon wenn der Gläubige das Gotteshaus betritt, enthebt ihn ein orientalischer Duft dem Alltag, sodann erheitern Licht und Schatten und all der Glanz der Fenster, der Kelche und Monstranzen, der Gemälde sein Auge; und noch dazu, welch ein Raumgefühl! Nirgendwo in unserer Kultur gibt es geschlossene Räume von solcher Dimension, steinerne Hüllen, die den Körper aufnehmen, dehnen, weiten, leicht und schwebend machen. Dieser Drang nach vorn, von buntem Licht begleitet und geleitet, dieser Sog nach oben, dazu ein Klang von allen Seiten, Gesang, das Tönen der Pfeifen – jeder kennt diesen Rausch, den die Religion beschert, die verführen will und die es kann in einem Maße wie – bis vor kurzem – keine Institution sonst.

Und nun, heute also, so wollte ich den Männern vor mir klarmachen, kann sich jeder diese Befriedigung für Auge, Ohr, Nase, Hand und Mund selbst beschaffen, nicht immer so kostbar wie im Gotteshaus, doch sind Wohnung und Stadt inzwischen nur allzu leicht zum Theater für alle Sinne einzurichten. In Sekundenschnelle lassen sich Arbeit und Pflicht dank der Bildschirmdarbietungen vergessen – was braucht es da noch Zeremonie und Ritual? Kein Gott ist diesem Vergnügen gewachsen, kein leuchtendes und tönendes Gotteshaus verführt mehr; und nicht einmal der Arena, die den heiligen Ort neuerdings ersetzt, kann dies gelingen. Eine Anekdote, die mir ein Vater erzählte, kann dies belegen: Er war mit seinem kleinen Sohn beim Fußballspiel im Neckarstadion, der Knabe folgte aufgeregt dem Wettkampf, johlte, sprang hoch mit der Menge, wie dort der Brauch, er ging glücklich und brav mit dem Vater nach Hause, ermahnte ihn aber: »So, Papa, jetzt gehen wir heim und schauen uns das in echt an!«

Ich glaube nicht, dass die geistlichen Herren mir haben glauben wollen, können, dürfen. Ich aber habe mir geglaubt, und ich erkannte, dass diese untergehende Welt, an die ich erinnerte, die meine noch ist, dass ich altmodischer bin als das moderne Straßentheater da unten, dass jeder Augenblick, den ich mir arrangiere – Lesen, Schreiben, Spazieren, Singen, Ruhen, Schauen, Denken – in unbeholfener Weise die göttliche Enthobenheit inszeniert, die im kirchlichen Raum und Ritual vollkommen ist. Ich lese mein Brevier alltäglich, und sei es Kleists »Verlobung in St. Domingo«, ich zeige mir die Monstranz mit jedem Selbstporträt Rembrandts oder mit den steinigen Wegen, die Hans Thoma in seinen Gemälden verklärt, ich wallfahre in Gottes Wald und Wiese, und mein Dom dehnt sich bis zum Himmel. Als ich mit vierzehn Jahren während der »Großen Ferien« alleine in ein Sport- und Ferienlager in die Alpen geschickt wurde, stieg ich die Berge hinan und umarmte die Bäume, Götter im Felsgestein.

Zu diesem Ferienaufenthalt war ich herangekommen aus Würzburg, jener Stadt mit der »schwarzen Brut« – so meine Mutter –, und aus einer Familie, die in der Tradition des Unmuts gegen die Kirche stand, der sich dort seit der Aufklärung gegen den Fürstbischof und den Katholizismus gebildet hatte, der sich in Burschenschaften, in Freimaurerlogen noch immer sammelte und auch in der Bevölkerung nicht selten war.

Das hinderte die Bürger nicht, auf »ihre« Residenz, die fürstbischöfliche, stolz zu sein, denn sie nahmen es als Lob, dass Napoleon den Prachtbau

»das schönste Pfarrhaus Europas« genannt hatte. Dort lernte ich an der Hand der Mutter feierliche Gefühle kennen, wenn ich die Treppe hinanstieg, Räume auch, in denen man nicht steht, sondern schwebt und mit Tiepolo auf Wolken dahinfliegt. Im tiefen Winter war ich beim Spaziergang im Park der Hand des Bruders entwischt und in einen der Brunnen gefallen, hatte mir also eine fürstbischöfliche Taufe verschafft, die ästhetisch nachhaltiger war als die erste.

Damals allerdings verschwendete ich an Kirche und Religion keinen Gedanken, auch die Opposition dagegen ging mich nichts an. Erst die Reflexion im Nachhinein lässt mich erkennen, dass ich und in welchem Maße ich aus der frommen Umgebung zwar nicht Wahrheiten bezog, wohl aber Schönheiten, nicht Glaube, aber Stil. Ich pflegte und entwickelte alle meine Sinne mit Andacht, und die kirchenfeindliche Familie half mir dabei, denn auch sie schätzte diese Atmosphäre des katholischen Würzburgs und ahnte es nicht.

Die katholische Stadt ist eine Stadt, die feiert, und an den Feiern nimmt jeder Bürger teil, ob gläubig oder nicht. Die Fronleichnamsprozession etwa: Wer nicht mitzog, stand am Straßenrand, sang, bekreuzigte sich, kniete nieder. Ich, im Zug der kleinen Mädchen, streute aus dem Blumenkorb Blüten auf die Straße und wusste, dass meine Mutter am Straßenrand entzückt war. Ich ging hinter dem Baldachin des Bischofs her, und die Farben seiner Gewänder, die Goldstickerei auf seinem Messgewand, weiteten die Pupille, die schleppende Leier der Gebete tat dem Ohr wohl, und das Tönen der Glocken erhob das Kinderherz.

Selbst der Fastnachtsumzug gehörte als Pendant zur Fronleichnamsprozession – Bachtin beschrieb ihn als das in jeder sakralen Kultur unabdingbare »Gegenfest«. Doch konnte mich solcher Rummel nicht erfreuen, weil ich dabei ausgestellt wurde: Mein Vater, Mitglied der Faschingsgesellschaft, hob mich auf einen der Wägen, ich trug ein »affiges« Kleid und musste Bonbons unter die Menge werfen, die nicht sang, die vielmehr den Mund aufsperrte, lachte, kreischte, brüllte. Welch' wohltuende Schönheit hingegen dort, bei der Prozession, das Leuchten der Monstranz, der Gesang, der Kniefall, und niemand starrte mich an.

Mein Vater schätzte besonders die Familienprozession an Allerheiligen zum Friedhof. Jeder seiner Söhne bekam einen Blumenstock in die Hand, und so marschierte die Mannschaft ausnahmsweise einmal nicht zum Sportplatz, sondern vom Hügel hinab ins Tal zu den Toten. In diesem wandernden Blumenbeet durfte auch ich, das »Schwesterle«, herumhüpfen, weil Mädchen eben ohnehin Blüten sind.

Viele andere Feste begehen eine christliche Familie und eine katholische Stadt feierlich, wobei der Glaube oft weniger eine Rolle spielte als die Optik und der Gaumen. Weihnachten war das wichtigste Fest, an dem diese beiden Sinnesorgane besonders zur Geltung kamen. Der »Baum« – dieses Wort wurde lange vor dem Fest mit leisem Schauder wiederholt: Wo ist er zu haben, wo ist der schönste zu finden, wie am prächtigsten zu schmücken? Es gibt ihn noch immer, den Baum, auch bei diesen inzwischen ökonomisch so gut genutzten Festen, doch hat er sich auf eine traurige Weise verändert, ist kein Naturgeschenk mehr, sondern ein Industrieprodukt. Er versteckt sich nicht mehr im Haus und leuchtet nur für die eine kleine Familie, er steht an jeder Ecke in aller Öffentlichkeit, mit seinen Nadeln aus Plastik und den elektrischen Kerzen, die viel zu früh im Jahr zu leuchten beginnen und viel zu spät gelöscht werden.

Den Weihnachtsbaum zu schmücken, war dem Vater vorbehalten; er wagte sich auf Stühle und Leitern und brachte an der Spitze den Weihnachtsengel an –»dieses Jahr sitzt er halt wieder einmal schief«, mokierte sich alljährlich meine Mutter. Der Weihnachtstraum durfte erst am Heiligen Abend zu einer bestimmten Uhrzeit Wirklichkeit werden, die Familie versammelte sich vor der Tür des geheimnisumwobenen Wohnzimmers, wartete ein paar Minuten, die Türe öffnete sich, und eine dämmrige Schönheit aus Silber, Gold, Kerzenlicht, rauschendem Lametta duftete uns entgegen. Wir traten ein, wir sangen – und brachen in Gelächter aus. Die Normalität hatte die Feier überschwemmt, denn wenn fünf ungeübte Männer »O Tannenbaum, o Tannenbaum« singen, klingt es nur noch komisch. Die

Kirche tat das Ihre, damit dennoch nicht vergessen wurde, dass es ihr Fest ist, das man feierte, und so tönten die vielen Kirchenglocken um uns herum und heiligten unsere Glückwünsche, die Darreichung der Geschenke, das Mahl.

Meine Mutter, obgleich eines ihrer Hauptvergnügen die Verachtung der Kirche war, war so katholisch-unkatholisch wie ihr Kind. Sie feierte alle Feste mit Hingabe und schuftete dafür mit der Energie, die ihr eigen war. Sie hoffte vor allem darauf, diese einzige Tochter ins Leben einzuweihen durch die schönsten Rituale, die das Christentum dazu erfunden hatte. Zwei großen Festen fieberte sie entgegen, die diese Institution vorsah: der Ersten Heiligen Kommunion und der Hochzeit.

Mit dieser bereitete ich ihr eine große Enttäuschung, weil ich, nun bereits aus der Kirche ausgetreten und zu einem aufgeklärten Lebensstil entschlossen, die Eheschließung auf dem Standesamt als einen Vertragsabschluss vollzog, für den ich vom Schuldienst einen Tag Urlaub genommen hatte. Meiner Mutter gönnte ich nichts als ein Mittagessen mit den Trauzeugen, bei dem sie wenigstens den Bocksbeutel auftischen konnte, einen besonderen Jahrgang, den noch mein früh verstorbener Vater für diese Feierlichkeit vorgesehen und im Keller aufbewahrt hatte.

Meine Mutter hatte sich aber schon lange davor eine kleine Brautfeier mit mir beschert bei meiner

Ersten Heiligen Kommunion. Sie ließ es sich nicht nehmen, der Zehnjährigen ein langes Kleid zu nähen, und mit ihm wallfahrtete ich um die Kirche St. Adalbero, um die noch der Rauchgeruch der herumliegenden Ruinen hing. »Als einzige«, so lobte sie sich und mich nach der Prozession, sei ich »so schön und als einzige so fromm« gewesen. Denn ich wusste, was für ein Gesicht, welch innig gefalteten Hände zu meiner Ausstattung passten, und ich spielte offensichtlich schon da gerne Theater. Für den Morgen des großen Tages war ein Friseur bestellt, der meine sehr langen Haare vierfach flocht und sie zu einer hohen Krone auf dem Haupt aufsteckte. Ich fühlte die Frömmigkeit auf dem Kopf, nicht in ihm, ich fühlte sie mit Leib und Sinnen und nicht mit der Seele, und gerade deshalb sehe ich auf jedem Foto, das nach der Kommunion von der Wallfahrt um die Kirche gemacht wurde, aus wie die frömmste Braut, die Christus je gewonnen hat. Das war nicht Scheinheiligkeit, das war das bestandene Examen in der Disziplin »Seelenkultur«.

Als ich das Bild, das der Würzburger Fotograf in entsprechender Manier von mir gemacht hatte, dem Stuttgarter Stadtdekan zeigte, war sein Kommentar: »Da muss der Friseur aber lange dran gearbeitet haben.« Dass sich ein Priester weniger für die Frömmigkeit in einem Kinderblick interessiert als für die Tournüre, in der das Haar dressiert war, vom Raffinement der Frisur ebenso viel versteht wie von einem heiligen oder scheinheiligen Blick – das ist es, was katholisch ist, und in diesem Sinne bin ich eine katholische Heidin.

Das Theater, in dem ich mich seit je und bis heute ergehe, Kunst, Gesang, Tanz, Gedicht – wo anders findet es sich vereint an einem einzigen Ort als im Raum der Kirche? Unter aller Architektur ist der Kirchenbau der einzige, der einen in sich geschlossenen Leib darstellt, der sich als Individuum der Stadt stolz präsentiert. Selbst das schönste Schloss ist eine additive Anlage, die abgeschritten werden muss, in der sich Saal an Saal reiht. Da geht es über den Vorplatz in große Festsäle, durch schmuckvolle Empfangszimmer, aparte Leseräume und Gemäldegalerien und durch private Schlafzimmer. Nur die Kirche ist ganz sie selbst und steht so schon beim ersten Blick vor mir. Im Moment, da ich sie betrete, ist sie, wie ein Körper, dem ich begegne, vollständig da. Das Innere hat sich bereits in seinem Äußeren angekündigt und zu erkennen gegeben. Als ich in Freiburg Seminare hielt und allwöchentlich in einem Hotel neben dem Münster übernachtete, schlief ich ein mit dem samtenen Gefühl, ein schönes Tier schlafe neben mir.

Wer eine Kirche betritt, wächst. Sein Leib wird – nun denke ich freilich an die schönsten Kirchen, an Reims, die Kathedrale, die eigens für mich gebaut zu sein scheint, an Chartres, Neresheim, Vierzehnheiligen – verwandelt in das, was er sieht, in Höhe, Rhythmus, Farbe, Licht. Was ihm am allerwenigsten von seinem Leib noch bleibt, sind die Füße, ist das Skelett. Er geht nicht mehr, er hält sich nicht mit Mühe aufrecht. Eine Kirche ist ein Innenraum, der die Gravitation vergessen macht – dies ihr besonderes Wunder, da doch sie selbst aus Stein, dem schwersten Material, errichtet ist. Der Mensch, der die Kirche durchschreitet, erlebt es, wie Stein ätherisch wird und wie auch er, der Knochenmann, schwebt.

Bei dieser Erfahrung spielt die Akustik eine bedeutende Rolle. In der Kirche befindet man sich im Innern eines Instruments. Jeder Schritt wird Klang, jeder Atemzug ein leiser Hauch. Selbst die Stille ist hörbar. Noch dazu sind die Geräusche nicht zu orten, sind einmal hier, einmal dort, sind immer zugleich, schwimmen durch- und ineinander, sie sind wie Geister, die von Ort zu Ort huschen und sich verändern, die sich hinter der nächsten Säule schon wieder mit einer neuen Stimme vernehmen lassen. Was ist Glück, was Ewigkeit anderes, als zu leben, ohne die Schwere des Körpers zu spüren? Allein in einer Kirche – und nur in wenigen weltlichen Räumen, wie etwa dem Kaisersaal der Würzburger Residenz, den ein Fürstbischof erbauen ließ – wird irdische Ewigkeit fühlbar.

Früh schon habe ich das in den vielen Kirchen meiner Geburtsstadt erlebt und einen Weg gefunden, diese Erhebung noch einmal zu steigern: durch Lesen. Auch das Buch macht den Körper vergessen, löscht die Wirklichkeit aus, weil es eine unwirkliche Wirklichkeit entwirft – in Worten, so wie die Kirche ihre eigene Welt in Steinen schafft.

So kam mir mit etwa sechzehn Jahren die Idee, die Kirche als einen stimmungsvollen Lesesaal zu nutzen. Würzburg ist – fast ein Rom – auf Hügeln erbaut, und auf manchen steht eine Kirche. Ich setzte mich also auf mein Fahrrad, schoss den Berg hinab, auf dem ich wohnte, trampelte den gegenüberliegenden Berg hinauf, wo »Mariannhill« stand, eine Kirche im expressionistischen Stil, lehnte das Fahrrad ans Kirchenportal, betrat den dämmrigen, menschenleeren Raum, setzte mich in der Mitte in eine Bank und las Sartre. Ich bin kein Christ gewesen, ich bin kein Philosoph geworden – ein Leben lang war ich, schreibend und lesend, auf Reise aus der Wirklichkeit in die Kunst, und aller Anfang der Kunst ist die Religion. Das hat mich die katholische Atmosphäre von Würzburg gelehrt, wo der Himmel auch in den Schlaf hinein tönt und selbst der Regen leuchtet, wo die Welt bis in die Männerkleidung mit Soutane und Mönchsgewand hinein katholisch war. Man trägt das Katholische nach außen. So wie ich eben in eine katholische Kirche gehe, weil es dort dämmert, funkelt und erhaben ist – was wäre Caravaggio ohne dunkle Kirchen –, und dennoch leuchtet sie nach außen, und so finde ich durch Rom auch gut bei Nacht. Dem Protestantismus fehlt die Lichtregie, die Freude am Unscharfen. Selig sein aber heißt: Man weiß nicht warum.

Nach dem Krieg

In den ersten Jahren nach dem Krieg musste jeder sich selbst unterhalten. Medien sprangen ihm erst allmählich bei, die müßigen Stunden zu erheitern.

Schnell jedoch verwandelte sich der »Volksempfänger«, der dem Nationalsozialismus zum Erfolg verholfen hatte, nun zum Radio für den neuen Bundesbürger und unterhielt seine Zuhörer mit den politischen Nachrichten, die keine Katastrophen mehr waren, und in der darauf folgenden Sendezeit mit allerlei Komödchen. Am liebsten wurden damals regionale Sender gehört. Die bayerische Sprache lernte ich durch das Heimattheater kennen, das aus dem Äther und aus jenen Geräten kam. Aber auch der hessische Dialekt war im nahe gelegenen Unterfranken beliebt. Die »Familie Hesselbach« zu hören, war Pflicht, und damit begann, ohne dass der Begriff schon bekannt gewesen wäre, das Format Serie, das heute so viele an den Fernsehapparat bindet. Diese Art von Unterhaltung war neu, man folgte ihr freudig-erregt. Widerstandslos gewöhnte man sich an einen Stundenplan, der mit dem übrigen Leben nichts zu tun hatte. Das Medium schuf eine Freizeit-Ordnung, und dafür waren alle dankbar. Es nahm den von der Arbeit ermüdeten Heimkehrern die Pflicht ab, sich am Abend durch eigene Ideen zu unterhalten und so die Zeit hinter sich zu bringen.

Eine Lachgesellschaft versammelte sich vor dem Radio, um die scherzhaften Dialoge von Herrn und Frau Hesselbach zu hören, zu kommentieren und immer wieder auch am nächsten Tag und am übernächsten zu zitieren und noch einmal darüber zu lachen. (Wie gern man noch vom Schießen redete, nun aber in der Bedeutung des explosiven Lachens, zeigte der Erfolg der »Lach- und Schießgesellschaft« – der Name eine Parodie der »Wach- und Schließgesellschaft« –, die 1956 gegründet wurde.)

Die allwöchentlichen Rundfunkkomödien gewannen zusammen mit den Fortsetzungsromanen in der Zeitung schon damals ein Stammpublikum, das auf die Wiederkehr des Immergleichen im Anschein des Neuen vertrauen darf. Die Serie spricht eine breite Öffentlichkeit an, die bei ihrer Unterhaltung auf Sicherheit setzt. Von der Einmaligkeit des Kunstwerks hingegen lassen sich wenige faszinieren, denn ein solches Erlebnis hat keine feste Zeit, keinen Ort, keine Personen, die wie Vertraute wiederkehren, und deshalb will sich ihm selten einer unterwerfen. Das Ereignis der Kunst und der Mensch, der es sucht, bleiben einsam und einmalig, wie das Kunstwerk selbst, die Brauchbarkeit der Serie hingegen liegt in der Zuverlässigkeit, sowohl was Sendezeit wie Qualität betrifft. Einfälle, Thesen und Milieu dürfen nicht zu weit vom Alltag des Hörers oder Zuschauers abliegen, damit er sie sofort in seiner Erfahrung unterbringen kann.

Diese auf die Stunde festgelegte Unterhaltung

also begann in der Nachkriegszeit, war aber begleitet von einer bescheideneren und selbst hergestellten Geselligkeit, die damals noch das Interesse an den Medien übertraf. An den Abenden kamen im kleinen Wohnzimmer Vater, Mutter, Tante, Freunde zusammen, gelegentlich vielleicht noch der eine oder andere ferne Bekannte. Diese fünf bis sechs Personen kamen immer zu Fuß durch die Trümmer den Berg, auf dem wir wohnten, hinan, den Staub der Ruinen in der Nase, der auch meinen Schulweg begleitete und den ich bis heute rieche. Sie versammelten sich um den Esstisch, jeder mit nichts als einem Glas Wein vor sich für all die Stunden, die sie jetzt miteinander verbringen wollten, und sie redeten, redeten – einen »bunten Abend« versprach das Radioprogramm, einen solchen bereiteten sich nun die Zuhörer ohne den Apparat.

Er war kein Fest, es bedurfte keiner besonderen Verabredung, dieses Treffen, es war selbstverständlich. Die dämmrigen Abende beruhten auf der Sicherheit, dass sie heute oder morgen wieder stattfinden würden. »Es klingelt!« sagte einer, und man wusste, wer da kam, auf jeden Fall einer, der dazugehörte und mit dem sich der verflossene Tag im Gespräch durchgehen ließ. Freunde sind oder waren wenigstens damals noch Menschen, mit denen man sich nicht verabreden musste. Freundschaft und Nachbarschaft brauchten keinen Terminkalender.

Freundschaft als Form der Kommunikation lag näher damals als heute, der Wohnort war eher noch ein Nest. In der Stadt gab es nur die Menschen, die in ihr wohnten, die sich ihr zugehörig fühlten und sich zum Großteil kannten. Zumindest hatte man von vielen schon einmal gehört, die Geschäftsleute zumal waren bekannt für ihr Handeln und ihren Handel. Wer in der Stadt gewesen war, hatte den oder jenen getroffen und brachte mehr alte als neue Nachrichten mit nach Hause, und dennoch wurden sie stets mit derselben Neugier noch einmal durchgenommen. Die Geselligkeit am Ende des Tages war so etwas wie eine Lästergemeinschaft. Die »Anderen«, die nicht dabei waren, lieferten den Stoff für die Unterhaltung und schlossen die Anwesenden zum »Wir« zusammen.

Dies Plaudern, Räsonieren, Schimpfen fand statt bei einem Glas Würzburger »Stein«. Keine Häppchen gab es zu essen, nicht einmal Salzstangen, auch Käsewürfel kamen erst viel später auf den Tisch, keiner vermisste etwas. Mütter hatten mollig zu sein und waren es, aber alle anderen waren nach dem Krieg mager und hager. Auch ich, das Kind von sieben bis zehn Jahren, blieb bei der Gesellschaft, denn wo wäre Platz gewesen zum Schlafen in einer zerstörten Stadt, in der sich die Menschen auf kleinstem Raum drängten. Damals schlief ich auf dem Sofa im Wohnzimmer, und keiner trug Sorge, dass mir Schlaf fehlen könnte. Zeitweise schlief ich auch mit den schnarchenden Brüdern zusammen in einem Zimmer, später mit dem Dienstmädchen in einer Dachkammer, und erst als die Brüder auszogen, deshalb auch das Mädchen nicht mehr gebraucht und entlassen wurde, bekam ich ein eigenes Zimmer. Bis dahin saß ich allabendlich mit dabei am Wohnzimmertisch und hörte dem Klatsch zu, dem verbindlich-unverbindlichen Gerede der sechs Leute, die ich als Erwachsene respektierte und von denen ich solche Art zu reden hätte lernen können und gottlob nicht gelernt habe.

Diese Heimeligkeiten am späten Abend bei schlechtem Licht ließen das »Dritte Reich« und den Weltkrieg vergessen und waren deshalb die eigentlichen Tröstungen jener Menschen, die noch »Trümmer schippten«. An diesen Abenden wurde nie vom Krieg erzählt, weder von dem in der Heimat noch von dem an der Front. Kein Wort von den Bomben auf die Stadt, nichts von der Flucht aus der Wohnung, vom Einsturz der Häuser, die den Fluchtweg säumten; und auch die Männer erzählten nicht von ihren Erfahrungen im Kampf, was doch ein beliebtes Thema von Stammtischen gewesen sein soll. In irgendeiner Weise zu schwadronieren, sei es über bestimmte Leistungen oder schlimme Leiden, das war nach dieser totalen Niederlage unmöglich.

Ich lebte mit fünf Männern, die den Krieg überstanden hatten, und habe keinerlei Anschauung von ihnen bekommen, was sie dort hatten ertragen müssen. Sehr spät fragte ich meinen ältesten Bruder danach, wie es denn sei, in den Kampf zu ziehen, zu jeder beliebigen Tageszeit, mit geschultertem

Gewehr, in Rüstung, auf dem Panzer, den Tod, den eigenen wie den anderer, im Auge? Er antwortete wie ein Chef eben antwortet, sachlich, knapp: Das sei Befehl gewesen, dagegen war nichts zu machen, man brach auf, gemeinsam, man hatte nicht Zeit, darüber nachzudenken. Ich wusste, dass der Bankdirektor nicht weiter in der Tiefe seiner Seele graben wollte, und gab meine Forschung auf.

Weniger verklemmt waren immerhin an diesen Abenden die Frauen, die zwar auch keine konzisen Berichte über das Kriegsgeschehen zu geben vermochten, doch der Wein löste ihnen die Zungen, so dass sie dem gehabten Schrecken Ausdruck verliehen. Nachdem die Würzburger Geschäftsleute durchgehechelt waren, wurde die Kirche schlechtgemacht. Mit ihr, so hieß es, steckten die Geschäftsleute unter einer Decke – und plötzlich, als der Wein in die feinsten Äderchen des Gehirns gesickert war, erstarrte meine Mutter und klagte: »Mein Gott, was machen wir, wenn die Russen kommen!« Die Männer schreckte das nicht, sie hörten kaum hin, Kampf, wenn schon, dann im Krieg, und wenn nicht da, dann auf dem Fußballplatz. Meine Mutter aber, eine Kassandra ihr Leben lang, blieb standhaft und verkündete: »Wenn der Russ' kommt« – und sie erinnerte sich der Vergewaltigungen von Frauen und Kindern, von denen sie nach dem Krieg gehört hatte – »dann nehm' ich die Hannelore, und wir stecken den Kopf in den Gasherd.«

Vergasen, dieser Horror nistete in der Vorstellung der Menschen jener Jahre; die Ursache der Angst ist politisch nur allzu leicht zu durchschauen. Über die Vergasung der Juden jedoch wurde nie gesprochen. Nie habe ich davon in der Kindheit, nie in der Jugend ein Wort gehört, weder zu Hause noch in der Schule. Und doch wurde hier von meiner Mutter das Verbrechen auf sich selbst projiziert. Der Wahn, sich zu vergasen, blieb in ihrer Phantasie lebendig in all den Jahren unseres Zusammenlebens. Wenn sie wütend war – und das war sie bei dieser großen und unordentlichen Familie, die sich von ihr bedienen ließ, stets, und später auch noch, als sie mit ihrer widerspenstigen Tochter alleine zusammenlebte –, dann floh sie ins Badezimmer, wo damals das Wasser durch einen Gasofen erwärmt wurde, schloss sich ein und schrie: »Ich dreh' den Gashahn auf, ich bring mich um!« Auch als ich mit ihr nach dem Tod meines Vaters alleine lebte, war das der theatralische Höhepunkt ihrer Wut. Ich lag dann vor der Badezimmertüre, flehend, dass sie herauskomme, schnell, unbedingt. Einer Sechzehnjährigen ist, zumal in solch dramatischen Momenten, nicht klar, dass ein Mensch, der so laut seinen Selbstmord verkündet, ihn nicht wirklich sucht.

Die Gesellschaft hingegen, die sich kurz nach dem Krieg am Abend beim Wein traf, wusste die Katastrophenankündigungen meiner Mutter richtig einzuschätzen, mein witziger Vater witzelte weiter, wenn sie sich vor den Russen fürchtete und sich vergasen wollte, meine tratschlustige Tante tratschte weiter, und ich, das schläfrige Kind, schlief ein.

Wenn keine Freunde kamen, unterhielten sich meine Eltern mit Kartenspiel, Rommé vor allem. Damals gab es für Angestellte noch eine Mittagspause, in der sie zum Essen nach Hause kamen. Mein Vater fuhr eine halbe Stunde mit dem Moped vom Rathaus aus den Berg hinan nach Hause und danach wieder zurück ins Büro, den Berg hinab. Er tat dies gerne, denn in der Stadt war ein Wirtshaus oder eine Kantine kaum zu finden. Außerdem gefiel ihm die Mittagsruhe nach dem Essen; er legte sich, wie er sagte, »ein paar Minuten lang«, bis meine Mutter den Kaffee brachte und das Kartenspiel der beiden begann, eine halbe Stunde – die friedlichste Zeit im Eheleben meiner streitsüchtigen Eltern.

Mit 16 Jahren war ich endlich reif zum Tanzen. Die selbstgestalteten Geselligkeiten der Eltern wurden nach dem Krieg abgelöst von solchen, die Organisationen veranstalteten, wozu Sportvereine gehörten und vor allem die Burschenschaft des Vaters: die Arminen. Alles war heilig, was in diesem Zusammenhang besprochen und unternommen wurde. Dahin zog es meine Eltern, die gerne ausgingen, dahin zu gehen zwangen sie endlich auch mich. Die gute Gesellschaft, das war es, dazu sollte ich gehören.

Keinen seiner Söhne hatte mein Vater in eine Studentenverbindung bringen können, denn nur einer studierte, aber auch der wollte den Drill, den er beim Militär erfahren hatte, nicht noch einmal bei der Burschenschaft erleben. Es mag kein Zufall sein, dass dieser junge Mann auch bald das Fußballspiel aufgab und sich auf Tennis konzentrierte, wo er allein gegen einen anderen Einzelnen antrat – vielleicht hatte er im Sport wie im Krieg zu viel unter dem gelitten, was als Mannschaftsgeist gerühmt wurde. Verwunderlich war seine Weigerung dennoch, denn er kalkulierte ökonomisch und wusste, dass beruflich die »Verbindung« des Vaters und alle anderen Verbindungen, die daraus entstanden, dass also doch die Mannschaft für einen Studenten von Nutzen sein könne. Übermütige und trinkfreudige Geselligkeit jedoch lehnte der vom Dritten Reich in vaterländischem Ernst Erzogene ab, er nahm aber doch meines Vaters »Beziehungen« in Anspruch, als es nach dem Studium darum ging, von einer günstigen Position aus ins Leben zu starten. Er wechselte nach München, in die Hauptstadt Bayerns, die im Bewusstsein der Würzburger viel fühlbarer Hauptstadt war als jede andere sonst in den Bundesländern. Dorthin zog es einen ambitionierten Berufsanfänger, der etwas von sich erwartete, so wie es heute einen jungen Mann nach Berlin zieht. Ein Bundesbruder des Vaters, Direktor der Bayerischen Hypotheken- und Wechselbank, half beim Einstieg des gerade promovierten Studenten in seine erste Stelle. Bald war er selbst Direktor einer Zweigstelle, einiges später Mitglied des Bankvorstands.

Damit waren die Versprechungen einer Burschenschaft genutzt und überboten. Ich aber avancierte bei ihr wider Willen zur Tanzdame – für die Sechzehnjährige ein qualvoller Status. Was redet eine Sechzehnjährige mit einem Zwanzigjährigen, der sie umfangen hält und sich schlecht mit ihr bewegt? Und noch dazu in jener Zeit, da es für Mädchen als Verbrechen galt, überhaupt zu wissen, dass es Männer gibt. Die Gespräche waren etwa so: »Sie gehen in die Mozartschule?« – »Ja.« – »In welcher Klasse sind Sie?« – »In der siebten.« – »Haben Sie Latein oder Französisch?« – »Französisch.« – »Die Ferien beginnen gottlob bald?« – »Ja, hihi.« – »Da freut man sich, nicht wahr!« – »Ja.« Zwischen diesem mühsamen Rede- und Antwortspiel hat man sich auch noch viele Redepausen vorzustellen.

Als Tanzdame hatte ich meine erste Rede zu halten, die sogenannte Damenrede. Eine Schülerin aus einer höheren Klasse half mir aus der Verlegenheit, indem sie mir das Thema vorgab: der Tanz der Sterne um Sonne oder Mond – damit sollte ich unsere doch so unfröhliche und erzwungene Abendunterhaltung vergleichen. Sinnig redete ich also über Mädchen, die um ihren Herrn schwebten wie die Sterne um den Mond; stimmte das, schwebten sie, hatten sie einen Herrn, den sie umkreisten, oder einen steifen Stock, mit dem sie durch den Saal staksten?

Immerhin setzte ich es durch, dass ich an Silvester nicht mit zur Feier dieser Burschenschaft gehen musste, sondern zu Hause bleiben durfte, denn für junge Damen war da ohnehin nichts Eigenes vorgesehen. Vielleicht war mein unterhaltungssüchtiger Vater auch froh, das ernste Gesicht seiner Tochter nicht auf sich gerichtet zu sehen im Moment des Jahreswechsels, den er laut und prostend feierte, während sie ihn in aller Stille heilig begehen wollte. Sie lag zu Hause vor dem Radio, aus dem nun nicht die lauten Stimmungsmacher oder Fußballreportagen dröhnten; es erklang vielmehr die Nationalhymne und danach eine Symphonie von Beethoven.

So dämmerte ich ergriffen ins neue Jahr, das jedes Jahr ein besseres Jahr für die deutsche Wirtschaft werden sollte und für mich jedes Jahr einen Schritt weiter führte in den Widerstand gegen Familie, Brüder, Gesellschaft, gegen Unernst und hinein in die Ernsthaftigkeit der Kunst- und Leseerfahrungen.

Ich nahm diesen Weg in die Freiheit über den Austritt aus der Kirche mit zwanzig Jahren, über das Schwarzfärben der braunen Haare mit dreiundzwanzig Jahren in einer Familie, in der alle Schwiegertöchter blonde Dauerwellen hatten, über lange Haare und kurze Röcke, über eine Heirat ohne Zeremoniell und überhaupt über die Abschaffung aller Feste im Privatleben, wie Geburtstag, Weihnachten, Neujahr, über den Entschluss, keine Kinder zu haben, und endlich den Anschluss an den SDS, was meine arglose Mutter jedes Mal, wenn ich sie besuchte, zu ihren zwei Standardfragen veranlasste: »Willst du wirklich keine Kinder, oder bekommst du keine?« und »Seid ihr immer noch bei den Roten?«

Aufklären

Ich war vierzehn Jahre alt, da hörte ich meine Mutter sagen: »Man muss das Kind aber aufklären«. Ich sollte nämlich meinen Vater, Sportreferent der Stadt Würzburg, in den Ferien zu einer Tagung an den Spitzingsee begleiten und sollte nach der Tagung dort den Rest der Ferien verbringen – alleine. Noch heute, da Mädchen nicht mehr »aufgeklärt« werden müssen, weil sie es mit vierzehn Jahren längst sind, wäre es mir unbegreiflich, wenn Eltern den Gedanken fassten, es wochenlang alleine in den Alpen herumspazieren zu lassen, und sollte ihm dort auch nichts begegnen als Felsen, glitschige Pfade, abschüssige Steilhänge, gehörnte Kühe und auf jeden Fall kein einziger Mann. Mag sein, dass die kleinbürgerliche Vorstellung: »Tochter – Ferien – an einem See!« eine Auszeichnung war, ein sozialer Traum, der alle Bedenken meiner sonst sehr besorgten Mutter – außer eben dem einen: der Mann – ausgelöscht hatte.

Die Aufklärung hatte sich meine Mutter, deren Mund über solche ›Sachen‹ ihr Leben lang verschlossen blieb, so gedacht: Sie bestelle, verkündete sie mir, einen Arzt, der die Pflicht zur »Aufklärung« übernehmen werde. Als man mir dies eröffnete, sagte ich, und zwar nicht mehr in der bei mir wohlbekannten barschen Art, sondern völlig entsetzt: »Nein!« – und der Arzt wurde wieder abbestellt.

Ich wurde also vom Vater in die Alpen mitgenommen und blieb dort alleine für vier Wochen – unaufgeklärt. Ich wanderte herum, umarmte Bäume, schloss Freundschaft mit ihnen, ich stieg hinan und schaute über Täler weit und Höhen, gerade wie es mich die Gedichte, die ich gerne und oft las, gelehrt hatten, und befand mich in dieser romantischen Situation sehr wohl.

Eines Tages aber überfiel mich ein Schreck. In dem Sporthotel erholte sich außer mir nur eine einzige junge Frau mit ihrem Kind, einem etwa zwölfjährigen Knaben. Mit ihm vertrieb ich mir die Zeit, wir rannten durchs Hotel, wir stolperten über die Wiesen, jagten Käfer und Frösche, boxten uns, foppten uns – was Kinder eben so tun. Eines Tages lag ich vor dem Hotel im Gras; der Knabe stürmte heraus, sprang hoch in die Luft und mit einer fliegenden Rolle über mich hinweg; da stand er nun auf meiner anderen Seite, strahlend, und erwartete sein Lob. Ich aber war von diesem Augenblick an von der Schreckensvorstellung verfolgt: Jetzt bekomme ich ein Kind!

Aus dem, was bis dahin über diese Möglichkeit in Andeutungen um mich herumgeschwirrt war, hatte ich mir die Zeugung von Kindern etwa so zusammengereimt: Mann über Frau ergibt Kind. Mehr wusste ich nicht, nur, dass mir das auch geschehen könne. Denn zwei Jahre vor der Alpenreise, als ich meiner Mutter besorgt mein blutverschmiertes Bett gezeigt hatte und mich, als todkrank, entschuldigen wollte, hatte sie nur gelacht und gesagt: »Du kannst jetzt Kinder bekommen.« Außer ein paar praktischen Anweisungen sonst nichts. Und dabei blieb es mit der Aufklärung bis zu meinem zwanzigsten Jahr. Erst als ich, die Elevin aus der Mädchenschule, Studentin geworden war und in Vorlesungen und Seminaren tatsächlich neben Männern saß, kaufte ich mir ein Buch über diese ›Sachen‹. Es hatte als Titel die Beschwörungsformel »Mach mich glücklich!«, die immer noch den Mann als den einzigen Weg der Frau durchs Leben ankündigt. Ich verbarg die verdächtige Lektüre unter dem Kopfkissen, las heimlich und warf das Buch danach wieder weg. Erst jetzt wusste ich, wie Kindermachen geht.

Damals aber hatte mich der Knabe, so fürchtete ich, in den schlimmsten Zustand versetzt, in den eine Frau in jenen gutbürgerlichen Jahren der frühen Bundesrepublik geraten konnte. Nichts war für sie skandalöser als ein uneheliches Kind. In den Gesprächen der Erwachsenen gab es Händeringen über solche Abstürze. Da sprach man von einer, die hatte heiraten müssen – und wie wurde dies »MÜSSEN« betont! Eine andere war eine »Hur«, eine »Schickse«, kurz nach dem Krieg avancierte sie zur »Amischickse« – sie war jedenfalls eine, mit der man nichts zu tun haben wollte. Auch einer meiner Brüder machte einer Frau ein Kind und »musste« heiraten, was er denn auch pflichtbewusst tat und sich so den Titel »anständiger Mann« verdiente. Zunächst aber wurde ihm das elterliche Haus verboten, was damals eine beliebte Strafe für ungehörige Söhne war. Einen zweiten Bruder, der eine Frau heiratete, die ein uneheliches Kind bereits hatte, mit der er dann auch ein langes, sehr glückliches Leben verbringen sollte, traf die gleiche Verdammung.

Parallel zum »anständigen Mann« gab es die »anständige Frau«, und zwar nicht nur in der Operette und als lustige Witwe. Mehr noch im Leben sollte sie dies sein. Die Frau, die man heiratete, sollte, und diese Meinung vertrat in der Familie mein durch die Disziplin des Nationalsozialismus trainierter ältester Bruder mit erbitterter Strenge, eine »anständige«, d.h. eine »unberührte« Frau sein. Er sang uns sein Lied von der unberührten Frau geradezu täglich vor und diktierte meinem Vater noch auf dem Totenbett den Brief an seinen »missratenen« Sohn, der eine »Frau mit Kind« heiraten wollte, um ihm den Ausstoß aus dieser »anständigen« Familie anzukündigen.

Um nicht in diese katastrophale Situation zu geraten, sollte ein Mädchen, so hatte man nicht aus wörtlicher Belehrung, wohl aber aus vielen Gesten die Lehre gezogen, am besten mit einem fremden Mann überhaupt nicht zusammen sein. So war ich, noch vor den Ferien in den Alpen, schon einmal in große Verlegenheit geraten. Nach einem Wettkampf, den der Schwimmverein, dem ich angehörte, in einer fernen Stadt ausgetragen hatte, fuhren wir in der Nacht nach Hause zurück. Einer meiner Sportskameraden, ein braver junger Mann, fühlte sich verpflichtet, mich, da es mitten in der Nacht war, den weiten Weg zu meiner Wohnung in Würzburg zu begleiten. Ich war von seinem Angebot entsetzt, denn: mit einem Mann, und das noch dazu mitten in der Nacht! Ich bat ihn und bettelte, dass er von seiner Absicht abstehe, er ließ sich nicht erweichen, schritt also brav eine halbe Stunde bergauf neben mir her, lieferte mich am Gartentor ab, und ich ging verzweifelt zu Bett. Am Morgen begrüßte ich meine Mutter tränenüberströmt – ich übertreibe nicht – und beichtete, dass mich ein Mann in der Nacht nach Hause begleitet habe. Sie war sehr zufrieden mit mir und sammelte die Erfahrungen mit ihrem Kind in dem Satz: »Auf die Hannelore ist absolut Verlass.« Ich hatte, so hieß das wohl, durchaus das Zeug, eine »anständige« Frau zu sein und zu bleiben.

Wenn ich sehe, wie heute die Mädchen nach der Schule in die Stadt fahren, um, da die Mutter berufstätig ist, am Imbissstand mit ihren Kameraden etwas zu essen, wie sie mit diesen Knaben so unbeschwert umgehen, weiß ich, dass sie diese Wörter, »anständige Frau«, »unberührt«, »jungfräulich in die Ehe«, nicht mehr verstehen. Ein Sprachwandel ist mit der erotischen Emanzipation einhergegangen. Würde ich ihnen sagen, dass es nicht »tugendhaft«, nicht »keusch« sei, was sie da tun, die Buben so anzulachen, dass ihre Sittsamkeit gefährdet sei, sie würden verwundert schauen oder höhnisch grinsen. Es ist aber nur fünfzig Jahre her, dass Wörter, die heute mit fragenden Blicken quittiert werden, für eine Frau schlimme Vorwürfe enthielten und gar den Ausstoß aus ihrer »anständigen« Familie bedeuten konnten.

Wenn es schon einmal in den fünfziger Jahren, also kurz nach dem Krieg, Aufklärung gab, dann war es Verschleierung. So etwa erfuhr ich in der Klosterschule, in der ich die ersten zwei Jahre des Gymnasiums verbrachte, dass Männer gefährlich seien, obwohl ich damals von Männern, die nicht meine Brüder waren, kaum etwas zu sehen bekam. Mit verlegener Miene klärte die Nonne im Deutschunterricht ihre Schülerinnen auf: Wenn ein junger Mann ihnen begegne und sie grüße, dann »schlage man züchtig die Augen nieder«.

Ich habe diese Anweisung nicht verstanden, aber weil ich am Beginn meiner Neigung fürs Theater stand, interessierte mich der Gestus, und ich übte ihn insgeheim in meinem Zimmer: Da begegnete mir also ein Zauberjüngling, und ich schlug deutlich sichtbar, weil ich das unter »züchtig« verstand, die Augen nieder, immer wieder, noch einmal, noch einmal. Die Belehrung blieb eine der wenigen, die ich aus der Schulzeit erinnere, denn sie wurde mir zum Amüsement, als ich mich durchs Leben selbst aufgeklärt hatte.

Was ich da schildere, ist kein schauerliches Familienmärchen, es ist die Normalität der fünfziger Jahre des vorigen Jahrhunderts und die Realität, in der ein Mädchen in jenen Jahren aufwuchs – und, trotz all der leisen, aber beständigen Ermahnungen zur Vorsicht, dennoch fröhlich und unbeschwert. Auch meine Klassenkameradinnen – Koedukation war angesichts der Gefahr, die ein Jüngling für das Mädchen bedeute, nicht denkbar – schwärmten für den oder jenen Mann, eine Rede aber über Männer, über das Wie, Wo, Warum des Umgangs mit ihnen gab es nicht. Knaben mögen sich in jenen Jahren gegenseitig aufgeklärt haben, wo aber hätte ich einen Knaben, einen jungen Mann gesehen außer meinen Brüdern, die die Scheu vor allem, was Körper und Sexualität betraf, ebenso internalisiert hatten wie meine Eltern. Ohnehin flohen auch Knaben, falls sie sich aufklären wollten, in den Witz, stellten den »Oden« des Horaz ein »H« voran oder sahen in jeder Rübe ihr wichtigstes Körperteil und belachten es; an der Bedienung im Café erkannte der junge Mann in der Schleife der niedlichen weißen Schürze, die sie, die damals noch mit dem Ruf »Fräulein!« herbeizitiert wurde, auf dem Rücken band, ein Symbol ihres weiblichen Geschlechts. Der Witz war selbst für Knaben von Nöten, um die Peinlichkeit des Themas zu überspielen. Aber Witz – welches Mädchen durfte witzig sein? Fast wäre Witz für sie eine ebensolche Verfehlung gewesen wie sinnliche Lust. Witzig, und zwar wirklich sehr, waren die alten Marktweiber von Würzburg, eine »höhere Tochter« aber, als die mich meine Brüder ehrten und verspotteten, sah und dachte nichts als Ernst, wusste also von Lust und Liebe nur das Edelste und Ewige.

Die Mädchen von heute genießen den freien Umgang mit ihren Freunden, sie dürfen sie lieben, eine Freiheit, von der sie nicht wissen, wie jung sie ist, kaum älter, als sie selbst es sind. Ich beneide sie nicht, ich bedaure nur, dass sie nicht wissen, welch ein historisches Glück ihnen zugefallen ist. Wüssten sie es, sie wären noch einmal so froh. Der Wandel ging aber so geschwind und reibungslos vor sich, dass sich daran kein Gedächtnis bindet. Ohne Konflikt keine historische Erinnerung!

Aber noch ehe diese Neuerung zur Verfügung stand, sollte ich, eine Frau, die damals mit »Fräulein« angeredet wurde, studieren. Ich betrat die Universität wie ein Wunderland. Schon der Bau, die mächtige, mit Statuen geschmückte Front, die prunkvolle Treppe, hohe Räume, große Säle, und darin Männer, neben die ich nun zu sitzen kam, mit denen ich sprach, und keine Mutter, kein Vater, kein Lehrer passte auf. Das war neu und ging dennoch mühelos. Meine Freundinnen hatten Plattenspieler, und so konnten wir die Männer nach Hause zum Abendkonzert einladen; sogar, wenn die Eltern einmal selbst ausgegangen waren, wurde das nun erlaubt.

Das Studium war eine wichtigere Etappe der Aufklärung für ein Mädchen als alle rhetorische Einweihung in die physische Ausstattung von Mann und Frau und die Hinweise auf deren Nutzung. Im Studium klärten wir uns selbst auf über das, was der Mann ist, und zwar der, den man im praktischen Leben braucht und nicht allein zur Liebe. Wir lernten, dass ein Mann anders geht, anders spricht, anders niest und anders schläft als eine Frau. Das war eine viel notwendigere Liebeslehre als alle peinliche medizinische Einweisung.

Die überraschende Erfahrung »Mann« ging auch aus dem Bild der neuen Autoritäten hervor, denn auch die Lehrer an der Universität waren anderer Art als die am Gymnasium. Der Lehrer wurde dem Schüler nicht mehr zugewiesen, der Student durfte ihn sich selbst aussuchen. Deshalb warb dieser Lehrer sogar selbst um den Schüler. Der Professor muss, anders als die Autorität in der Schule, auf den Geist, den er besitzt, aufmerksam machen durch Rede, Geste, Erscheinung, also auch durch seine Männlichkeit.

Ein Faszinosum, das diese Taktik vollkommen beherrschte, erlebte ich, als ich, um mir eine Vorstellung von dem zu verschaffen, was mich an der Universität erwartete, noch vor dem Abitur schüchtern die Universität betrat. Ich besuchte einen Vortrag von Peter Wapnewski. Er war, was ich, die zufällig hinzugekommene Schülerin, freilich nicht wusste, der Beau der damaligen Germanistik, ein perfekter Elegant. Ich war siebzehn Jahre alt, er Mitte dreißig, groß, schlank, mit stilvollen Bewegungen, vornehm und ein bisschen Dandy. Er trug ein seidenes Hemd, dunkelgrau, fast schwarz, mit aparten hellen, kleinen Mustern darin – waren es nicht etwa gar kleine Löwen? –, und er sprach, wie ich Sprechen so noch nie erlebt hatte: langsam, nachdenklich, prononciert, mit bedeutungsvollen Pausen, mit kleinen Winken, die die Hände gaben, um gedankliche Verknüpfungen zu markieren, mit einem Blick, der »Achtung!« sagte, wenn er zu besonderer Aufmerksamkeit aufrufen wollte. Ich war berauscht, ich bin es heute noch. Zum ersten Mal hörte ich eine stilisierte Rede, die nicht, wie auf dem Theater, dramatisch hochfuhr und tragisch endete, sondern eine, die nur bühnengerecht andeutete, wie ernst Denken ist. Ich schwebte nach Hause und wusste nun, dass der Geist männlich ist. Die Aufklärung war vollbracht, ich ahnte, dass, was Mann sein will, Geist haben muss, woraus sich dann alles andere von selbst ergibt.

Als das Studium bald danach begann, machte ich im Umgang mit den Männern neue Erfahrungen, die etwa, dass es zwar nur *eine* deutsche Sprache gibt, in ihr aber zweierlei Dialekte, einen weiblichen und einen männlichen. Anders sprachen die Studenten untereinander, anders die Studentinnen. Der männliche Tenor war immer Duell, der weibliche Sopran und Umarmung. Die Studenten rückten sich, sobald sie miteinander sprachen, zurecht, sie schlossen gewissermaßen einen Knopf am Jackett und nahmen Haltung an, suchten in ihrem Kopf alles Wissen zusammen, zeichneten sich voreinander als intelligentes Ich aus. Die Studentinnen hingegen rückten zusammen, versteckten alle Intelligenz und alles Wissen, das sie sich angeeignet hatten, sprachen ein wenig leiser, redeten über etwas, was ihnen gerade begegnet war, Harmlosigkeiten, mit denen sie sich durch Worte umschlangen, weil es durch Gesten nicht schicklich war.

Der Unterschied zwischen männlicher und weiblicher Kommunikation hat sich trotz aller Emanzipation bis heute nur wenig verändert. Wenn ich im ICE nach München fahre, sitzen im Speisewagen drei Männer hinter mir, die nur über Schlüsselsysteme reden, und vor mir zwei, die die Verwendung neuer Investitionen in ihrem Betrieb diskutieren. Da erinnere ich mich der Freunde beim Studium, von denen jeder seine Stärken im Wissen präsentierte. Der eine wusste genauer über Karl den Großen Bescheid, der andere mehr über Wagner, der nächste kannte alle Phasen der Entstehung von Brentanos »Geschichte vom braven Kasperl und dem schönen Annerl«. Frauen hörte ich in Cafés bis in die achtziger Jahre vor, hinter, neben mir reden von nichts als von ihren Kleidern. Sie besprachen jede Falte, jede Rüsche, jeden Schmuck und streichelten damit sich und ihre Körper. Inzwischen sind diese Reden allerdings verstummt, denn das Kleid hat, eine Folge der Emanzipation, als Ausdrucksmittel der Weiblichkeit ausgedient. Mode, diese

Geheimsprache der Sexualität, ist bei der Aufklärung, die inzwischen billig zu haben ist, unnötig geworden. Worüber reden Frauen also nun? Den Lauscher kann man so leicht nicht mehr spielen, denn die lockere Anordnung der sehr kleinen Tische und eine laute Beschallung gehören nun zum Schick des Cafés.

Die verdruckste Situation der Nachkriegszeit, in der eine kleinbürgerliche Angst vor der Sexualität alle Schichten der Bevölkerung, auch die bürgerliche Oberschicht, erfasst hatte, endete mit überraschender Plötzlichkeit in der Studentenbewegung. Hinter dem Glaubensbekenntnis der Studenten zur Befreiung des Proletariats verbarg sich der Sturm auf die Bastille der sexuellen Verbote. Die Revolution der Moral war erfolgreicher als die politisch-soziale. Wozu sonst hätten sich die Männer die Antibabypille erfunden! Sie dachten dabei weniger an die Frauen als an sich selbst, wie schon im 19. Jahrhundert der unverheiratete Edmond Goncourt, der einmal, ehrlich genug, sein Unbehagen über die möglichen Folgen des Liebeslebens eingestand in einem Stoßseufzer: »Den Frauen fehlt nichts als ein Hebel im Nabel, ... den man drehen würde und der sie daran hinderte, Kinder zu kriegen, wenn man keine mit ihnen wollte.«

Seit etwa 1961 war dieser Hebel, das neue Mittel zur Empfängnisverhütung nämlich, auch in Deutschland zu haben. Die Männer versprachen damals, auch für sich ähnliche Mittel zu erfinden, damit der weibliche Körper nicht alleine die Risiken einer jahrzehntelangen Tabletteneinnahme auf sich zu nehmen habe. Diesen Vorsatz vergaßen sie schnell wieder, bald sprach keiner mehr von der »männlichen Pille«. Die Frauen hatten unter den Folgen der Liebe mehr zu leiden, unterwarfen sich also widerstandslos, wenngleich mit einiger Angst vor den damals noch unbekannten Folgen einer dauerhaften Medikation, der Pille. Nun mussten sie nicht mehr mit Ogino-Knaus rechnen, sie konnten ohne jede Angst die Tage des Monats, in denen die Lust am größten ist, genießen. Auch konnten Zeitschriften entstehen, wie »Twen«, die Jugendliche mit herausfordernden Gesten zeigten und in erotisch-aggressiver Aufmachung; Filme wie »Westside Story« führten eine Balz der Jugendlichen umeinander vor, wie sie einst nicht nur besorgte Mütter aus der Fassung gebracht hätte.

Deshalb blieb auch immer noch das Kino, dieser dunkle Raum, in dem ein bisschen Zuviel an Liebe gezeigt wurde, für die gutbürgerlichen Töchter ein Ort, den zu besuchen sie mieden. Mir und meinen Freundinnen war es nicht verboten, dorthin zu gehen, wenn Filme wie Gründgens »Faust« oder »Don Giovanni« mit dem schönen Cesare Siepi zu sehen waren. Darüber hinaus aber gab es nur Verachtung für das Medium – und diese Erziehung hat gefruchtet, denn ich habe bis heute noch Mühe, die intellektuelle Arroganz dem populären

Vergnügen gegenüber loszuwerden, obwohl es solche Kunsterlebnisse bereithält wie »Schulze gets the blues«.

Auch die Popmusik wirkte bei der Abschaffung der Prüderie mit. Zunächst zwar stellten sich nur Männer auf der Bühne dar, aber doch in einer auffällig obszönen Weise, und Mädchen durften zusehen. In den Fünfzigern lag ich im Sporthotel am Spitzingsee im Gras und sah der Schande entgegen, während in den Arenen schon die Mädchen ihren Liebhabern mit Gekreisch in die Arme hüpften. Mit Elvis Presley war der Mann als erotischer Körper und als aufreizende Stimme auf der Bühne erschienen, den Frauen wie Männer ungeniert bewundern durften. Das ekstatische Mädchen gehört seither zum männlichen Auftritt in der Arena – Sexualität feiert dort ihren Sieg als musikalische Orgie. Studierende Mädchen, die zu gut erzogen waren für Popkonzerte – die sozialen Schichten waren noch deutlich durch ihr kulturelles Verhalten getrennt –, bekamen an der Universität wie im Popkonzert zu sehen, was ein Mann ist. Gerade das war ein wegweisender Teil der Aufklärung. Denn bis dahin sollte ein Mädchen, so das Erziehungsprogramm, an einem Mann nur Seele, Geist und jene Verantwortlichkeit schätzen lernen, die ihr ein sorgenloses Leben garantiert. Nun aber entdeckten Studentinnen und junge Frauen den Mann als Leib, und das war, was die Liebe betraf, keine unwichtige Entdeckung.

Die Studentenbewegung, der erste Aufstand der Jugend nach dem Krieg, ist nie zu Ende gegangen. Sie ist die bestimmende Stilrevolution des 20. Jahrhunderts. Auf den Freitreppen der Großstädte lässt die heutige Jugend diesen Aufstand in Harmlosigkeit ausklingen. Das politische Programm der Achtundsechziger hat sich allerdings inzwischen in einen Protest gegen die Geometrie gemäßigt. Da heute die jungen Revolutionäre nichts mehr sehen als Quadrate, wo Häuserfronten der Aufmarsch von rechteckigen Fenstern sind, ohne jeden freundlich lächelnden Schnörkel, wo Schreibtische und Bürostühle, Sofas und Sessel dem Ideal des Quadrats nachstreben, wo die Gäste im Café einander an längsrechteckigen Tischen frontal gegenüber gesetzt werden wie bei einer betrieblichen Besprechung, da muss man die Kleider zerschlitzen, in Parks auf dem Rasen herumliegen, auf den Straßen alles fallen lassen und halbbetrunken über Treppen kullern. Protest ist in dieser geordneten und hygienischen Gesellschaft notwendigerweise Unordnung.

Die Studenten der Sechziger hatten dieser neuen, das 20. Jahrhundert bestimmenden Bewegung noch ein intellektuelles Flair verschafft. Mit der Gleichheit der sozialen Schichten aber, die herzustellen sie planten, war zunächst und vielleicht sogar vor allem anderen die Gleichberechtigung der Geschlechter gemeint gewesen. Der Geschlechtsverkehr ohne Folgen sollte demokratisches Recht für alle werden. Diese Revolution gelangte erstaunlich schnell und leicht an ihr Ziel. Anstatt züchtig die Augen niederzuschlagen, traten seit den Sechzigern die Mädchen mit freiem Blick vor den Arzt und ließen sich die Antibabypille verschreiben; statt hüftenschwingend vor den Männern herzuwedeln, wie es sich bis dahin von den Moralvorstellungen noch verängstigte Hausfrauen auf der Straße gerade noch erlaubten, lud man die Freunde zu sich. Es war der Anfang einer Libertinage, die damals die Erwachsenen entsetzte, die aber heute selbst angesehene Zeitungen in amüsiertem Ton als »Polyamorie« besprechen. Die Aufklärung war so erfolgreich, dass sie überflüssig geworden ist.

Männer, meine Erzieher

Ich bin eine Männerphantasie. Was ich tue, was ich denke, was ich fühle, haben Männer erfunden: Ich lese ihre Bücher, ich erfahre aus der Religion, aus der Philosophie, wie sie die Welt erklären, aus den Dichtungen, wie sich die Welt anfühlt für sie und also auch für mich, wie man ein Held ist, wie man eine Frau liebt und wie eine Frau sie, die Männer, wiederlieben soll. Auch den Alltag erlebe ich in einer Welt, die ganz und gar von Männern entworfen ist. Ich fahre in ihren Autos auf ihren Straßen, schmore Rüben nach Rezepten, die berühmte Köche erfanden, trage die Kleider, deren Modelle bis vor kurzem fast nur männliche Modeschöpfer, Nachfolger des großen männlichen Schöpfers, entwarfen, ich trug einst von ihnen erdachte Röcke, unter denen sich ein Geheimnis vermuten ließ, ich trage heute Hosen, die vieles zeigen, was sie gerne sehen möchten, trage der Männer Schuhe, ihre Hemden, wohne in Häusern, deren Anlage, deren Raumfolge Männer entworfen haben, deren Nutzung über Jahrhunderte hin von ihnen festgelegt wurde, ich decke den Tisch, wie es der von ihnen vorangebrachte Prozess der Zivilisation gebietet, ich mühe mich mit einem Garten ab nach dem Vorbild berühmter Gärtner, ich besuche das Theater, diese Institution, in der einst nur Männer Frauen spielen durften. Auch wenn es heute Regisseurinnen gibt, so fügen sie sich, wie jede Frau, in eine von Männern entworfene Welt, sind, aufs Ganze gesehen, ihre Lehrlinge. Die Bildung der Frau verlief Jahrhunderte lang nach einem von Männern erdachten Muster, und was die Frauen an sich, was wir an uns für echt weiblich halten, auch das haben uns Männer vorgesagt. Wir wissen es aus der Bibel, aus dem Katechismus, der Predigt des Herrn Pfarrer und des Vaters, aus Moralschriften und den Sitten, die wir übernehmen, ohne zu bedenken, dass es nicht so natürlich ist, wie man uns glauben macht, dass wir gefühlvoll handeln, nicht zur Mathematik, sondern zu den Sprachen begabt sind. Wir folgen den Uhrzeiten und dem Tageslauf der Männer und ihrem Festkalender – nur die Sonne ist stärker als sie: Sie geht auf und unter, wann sie will, und sogar die Männer sehen sich gezwungen, ihren Schlaf ihrem Rhythmus anzupassen.

Ich kann mich also von Sonnenaufgang bis Sonnenuntergang nicht anders sehen denn als Teil des männlichen Weltentwurfs. Emanzipation ist nichts anderes als das Bestreben der Frauen, zu sein wie die Männer. Die Männer müssen damit einverstanden sein, denn anders als mit ihrer Hilfe hätte die Befreiung der Frauen nicht stattfinden können. Nach allem Gesagten liegt der Schluss nahe, dass sogar die Emanzipation eine männliche Erfindung ist.

Dabei hat allerdings diese Revolution einen ganz eigenen, ganz anderen Charakter als alle politischen Revolutionen zuvor. Die Bürger konnten die Könige absetzen, weil sich ohne sie der Handel noch freier betreiben, noch schneller und gewinnbringender abwickeln ließ. Die Frauen können die Männer nicht loswerden *wollen*, geschweige denn absetzen, weil sie, und seien sie noch so freiheitsdurstig, diese Männer lieben. Die Emanzipation ist der Kampf gegen eine Macht, die man braucht. Wie dem Lauf der Sonne unterliegen die Frauen dem Geschlecht – gottlob geht es den Männern ebenso. So ergibt sich das Paradox, dass die Gegner miteinander verbündet sind. Die Emanzipation der Frauen muss eine der Männer sein, und nur mit ihrem Einverständnis schreitet sie voran.

Was wie ein Entgegenkommen der Männer zu sein scheint, ist allerdings das eigene Glück, das sie suchen, nicht unbedingt das der Frauen. Man erkennt das daran, welchen Weg sie den Frauen weisen. Er folgt den Pfaden, auf denen sie, die Männer, einmal vorangeschritten sind, und die sie inzwischen, um noch weiter auszuschweifen, verlassen haben. Die Männer erobern Neuland und überlassen, was zurückbleibt, den Frauen. Weil Mathematik, Technik, Naturwissenschaft den Fortschritt in allen Bereichen des Lebens bedeuten und vor allem hohe Gewinne im Geschäft einbringen, haben Frauen bislang die Liebe zu den geistigen Werten und künstlerische Fähigkeiten entwickeln dürfen. Mir wurde immer wieder gesagt, wie sprachbegabt die Frauen seien – und ich mochte es nie, Fremdsprachen zu lernen, da mir das Einüben des Vokabulars zu langweilig war. Aber ich glaubte, dass das, was man mir zudem einflößte, die musischen Fächer, genau das sei, was dem weiblichen Wesen entspreche. Ich wollte Kunstgeschichte studieren, meine ungebildeten Eltern verstanden das nicht und fürchteten, ich würde Künstler werden wollen und also eine »verkrachte Existenz«. Ich studierte deshalb Germanistik, eine Disziplin, die heute ebenfalls an Ansehen verloren hat. Dieser Ausbildungsgang bringt wohl einige Ehre ein, aber wenig Geld. Deshalb überlassen die Männer zunehmend auch diesen Bereich den Frauen. Man könnte die Regel aufstellen: In Berufe, deren Verdienst – sei es geistig, sei es materiell – sinkt, ziehen Frauen ein. Der Volksschullehrer war einst eine Autorität. Heute macht man sich Vorwürfe, dass wegen der vielen Lehrerinnen den Knaben das männliche Vorbild fehlt. In den siebziger Jahren verlor auch der Beruf des männlichen Gymnasiallehrers an Ansehen. Dieser wurde einst in seiner Stadt als »Herr Professor« angesprochen, nun hat er seinen Platz der Studienrätin überlassen, die sich mit Eltern ebenso viel herumplagen muss wie mit den Schülern. Auch Museen und Theater werden inzwischen von Frauen übernommen – kurz: alle kultur- und geisteswissenschaftlichen Fächer und Institutionen, die einen großen Publikumsandrang haben und gerade deshalb kein Statussymbol mehr sein können, die, im Vergleich zu den Berufen in der Wirtschaft, nicht allzu viel Geld einbringen, gehen an Frauen. Das Gesetz der Geschichte der Emanzipation lautet: Frauen ziehen in Institutionen ein, die Männer aufgegeben haben.

Da war ich denn vom Schicksal begünstigt; war ich doch in eine Mannschaft aus sechs Männern hineingeboren und mit Hurra empfangen worden. In der »Main Post«, der Würzburger Tageszeitung, hatte ein Freund unserer Familie meine Geburt in einer Annonce öffentlich gemacht:

Hurra!
Die fünf Schmittsbuben,
Erich, Robert, Roland, Werner, Waldemar
Haben ein Schwesterchen bekommen
Hannelore

Der schönste deutsche Buchstabe, dieser echt germanische Laut, den romanische Sprachen nicht aussprechen und der deshalb in diesem deutschesten aller Jahrhunderte so gerne vergeben wurde, H, stand hier untereinander, ein Jubel und mein Name: Hannelore – Hurra! Und das in der Zeitung! Sollte es ein Wink des Schicksals sein? Wie oft erschien dieser Name später in Zeitungen, wenngleich nur klein und bescheiden als Autorenzeile!

Es dauerte nicht lange, und ich war ein Einzelkind. Die Brüder gingen »schippen«, sie brachen zum »Westwall« auf, saßen in Unterseebooten und kämpften in Italien. Der Umgang mit meiner Mutter, mit der ich hinter verdunkelten Fenstern und mit einem Lichtlein, das nach draußen nicht sichtbar sein durfte, »Mensch ärgere dich nicht« spielte, bis uns das Heulen der Sirenen in den Keller hinunter jagte, mag sogar eine Entspannung von dem wilden Treiben mit den Brüdern gewesen sein.

Der Umgang mit Männern war in meiner Generation, auch wenn man ihn von Geburt an gewohnt war, eigentlich immer eine Leistung. Als ich etwa sechzig Jahre alt war, wurde mir das an einer kleinen Szene bewusst. Ich spazierte hinter einer Freundin her durch die Landschaft und erzählte deren Ehemann, einem Psychoanalytiker, dass es mir fast unmöglich sei, auf Brücken einen Fluss zu überqueren, da mir schwindlig werde. Nach diesem Bekenntnis kam eine kurze Pause, dann seine Erkenntnis: »Du musst einmal geworfen worden sein.« Eine schnellere Heilung wird einem Therapeuten selten gelungen sein: Seither gehe ich gelassen über die höchsten Brücken und schaue in die tiefsten, die reißendsten Flüsse. Blitzartig hatte sich nämlich bei mir ein Bild eingestellt: Ich, das kleine Mädchen, die Brüder warfen es einander zu und juchzten, denn sie meinten, mir eine Freude zu bereiten, da sie sich eine bereiteten. Manchmal hielten sie mich gar zum Fenster hinaus und »versprachen«, mich fallen zu lassen. Auch wenn ich, etwas älter geworden, Frösche in einem Glas züchtete und des Morgens das Glas leer, die Tiere aber tot in meinem Bett fand, oder, schlimmer noch, wenn die Maikäfer, die die jungen Männer mich in einer Streichholzschachtel zu sammeln gelehrt hatten, im Bett herumkrabbelten und mich mit schrillem Schrei auf und davon jagten, waren die groben Späße eine Großtat für diese Buben, die keine bösen waren, für mich aber eine bittere Erziehung zur Courage.

Ich wurde dadurch kein gestörtes Kind. Diese Fopperei war vielmehr ein gutes Training, das ich durchlief. Ich lernte, mit Trotz auf das Gaudium zu reagieren, und freute mich in den nächsten Minuten schon wieder über einen harmlosen Spaß, bei dem ich mitmachen und ungeschoren davonkommen durfte. Ich gewöhnte mich an den Ulk, wie ihn junge Männer lieben, und war damit gut vorbereitet auf den späteren Umgang mit Männern und sogar auf die Lektüre Schillers. Was sah ich denn, da ich, etwa sechzehnjährig, in den Ferien meinen inzwischen zum Bankdirektor avancierten Bruder in München besuchte, im Residenztheater auf der Bühne anderes als meine Brüder, ins Große gedacht. Was taten diese »Räuber« anderes, als die Welt zu foppen, wenn es auch diesmal nicht mit Maikäfern glückte, wenn sie Klöster abbrannten und Fürsten jagten. Was ich am Familientisch erfuhr und auf dem Theater bestaunte, war ein und dasselbe, es war Mannschaftsgeist. Männer verbinden sich durch Großtun, durch Taten, die Untaten sind, kleine oder große, sie tragen Narben davon und sind stolz darauf, wie auf ein Wappen. Warum sonst müsste sich Schillers Spiegelberg, dieser verlogene Schwächling, der keine Narbe hat, vor seinen vernarbten Spießgesellen verteidigen? Warum verteidigte sich auch mein Vater vor Familie und Freunden, dass er, Mitglied einer schlagenden Verbindung, beim Fechten den obligatorischen »Schmiss« nicht davongetragen hatte?

Eine Mannschaft stabilisiert sich, indem sie eine Grenze zieht durch den Kampf nach außen, und zu solcher Grenzziehung reicht schon eine kleine Schwester. Als Studentin konnte ich diesen verbindenden Kampfgeist in einer kultivierteren Form kennenlernen, in den Seminaren an der Universität ebenso wie im Umgang der Mitglieder dieser Institute und ihrer Vertreter. Eine der bedrückendsten Erinnerungen aus dem geselligen Leben ist mir ein Abend, etwa in den neunziger Jahren, da ich in München in einem Wirtshaus am runden Tisch mit einem Professor und seinen Assistenten zusammensaß. Die Teilnehmer hatten kein anderes Gesprächsthema als ihre nicht anwesenden Kollegen. Sie schwadronierten, wie sie diese geärgert, wie sie deren Doktoranden und Habilitanden behindert, Berufungen abgebogen hatten, sie rühmten sich tausenderlei anderer Pfiffigkeiten, und alle am Tisch tranken darauf und schmunzelten sich zu einer Mannschaft zusammen.

In dem Moment aber, da ich 1958 die Universität betrat, haben mich die Männer, mit denen ich, aus der Mädchenschule entlassen, nun umgehen durfte, gerade durch ihren konkurrierenden Umgang miteinander erstaunt, belehrt und erfreut. Die Studenten, die ich kennenlernte, standen am Anfang einer Karriere, sie glaubten, um das zu kämpfen, was sie liebten, um den Geist, und jeder wollte jeden davon überzeugen, dass er diesem am nächsten stehe. In den Seminarveranstaltungen wurde diskutiert, was freilich ein Kampf auch war, aber einer, der auf Verwundung verzichtete. In einer Diskussion geht es *um* etwas, es geht auch *gegen* etwas, gegen eine These, eine Meinung, es gibt also den Gegner. Gewinnen, sich hervortun will der Disputant auch, aber, und das ist der Ursprung des Mannschaftsgeistes, er will den Besiegten auch gewinnen. Man könnte solche Diskussionen im Seminar die gepolsterte Form eines Kampfes nennen, der einen Sieger hervorbringt, der ein um so besserer Freund wird und bleibt. Auch dieser Kampf der Intelligenzen ist eine sportliche Disziplin. Ich konnte sie erst an der Universität kennenlernen, denn in der Schule wurden Mädchen trainiert zu antworten, nicht zu diskutieren – das mag heute anders sein, damals sah das Wissenstraining, zumal in einer Mädchenschule, »antworten können« vor, nicht kommentieren.

Es waren nur Männer, die in den Seminarveranstaltungen solche Gefechte um die intellektuelle Überlegenheit ausfochten; die wenigen Studentinnen und auch ich saßen dabei und staunten. Doch war den Frauen die sehr neue Freiheit gegeben, sich einzumischen, und allmählich gelang das auch.

Am Erfolg dieser Erziehung der Mädchen durch Zuschauen, Zuhören, Nachreden, Mitreden kann man sehen, wie wichtig für die Bildung jener Jahre und überhaupt lebendige, persönliche Anregung, Freundschaft und selbst Feindschaft sind.

Die Männer hatten dieses den Ehrgeiz herausfordernde Zusammenspiel längst geübt, nicht umsonst waren und blieben ihre Lieblingssportarten Mannschaftsspiele. Die Mädchen hingegen verharrten zunächst verschreckt, denn wenn sie auch, im Zuge der frühesten Emanzipationsbewegung, zum Sport angeregt worden waren, so hatte man sie in Sportarten trainiert, Tanz, Tennis, Reiten, wo sie Einzelkämpferinnen waren. Begeisterung für eine weibliche Mannschaft, wie es sie heute gibt, wäre damals undenkbar gewesen. Zu handeln, zu denken im Kollektiv, das also mussten Studentinnen erst lernen.

Die Studenten, deren Reden ich nun staunend folgte, kamen gewissermaßen mit vollen Taschen in die Lehrveranstaltungen. In ihren Köpfen hatten sie Namen, Werke, Beziehung von Autor zu Autor gespeichert, sie kannten deren politische Bedeutung, die meistbesprochenen Thesen zu deren Werk und was alles Wissenswertes mehr. Dies zogen sie aus dem Kopf und bewarfen einander damit. Namen, Orte, Daten, das waren kleine Schüsse, jeder ein Treffer. Ich stellte fest, dass Wissen ein erfolgreicheres Kampfmittel ist als Denken: Ein Gedanke wird hin und her gewendet, ein Name sitzt. Ich musste mein Leben lang erfahren, dass ich bei diesem Sport nicht mithalten kann, und meine schlechten Noten bestätigten diese Erfahrung. Es gelang mir, ein bisschen zu denken, aber nicht, ein Gedächtnis zu bevorraten.

Die studierenden Männer verstanden die Signale, die sie aussandten; sie gruppierten sich zu Freundschaften. Freilich richtete sich ihre Taktik vor allem auf den Lehrer, den Lehrstuhlinhaber. Den Aktivsten unter den Schülern glückte es, sich ihm zu nähern, sogar persönlich. Sie durften ihn nach dem Seminar ins Wirtshaus begleiten, wurden Doktoranden, vielleicht sogar Assistenten, und der Erfolgreichste erhielt den Titel »mein Schüler«. Für den Studenten begann damit ein Privatunterricht, der über die Universität hinaus und sogar zu Spaziergängen führen und schließlich eine Karriere an der Universität vorbereiten konnte.

Diese Beispiele zeigten mir, dass Lernen – was damals oft noch das war, was man im 19. Jahrhundert »Pauken« nannte – zur Steigerung der Fähigkeiten nicht ausreicht. Man braucht, dies meine neue Erfahrung, einen Privatlehrer, und wenn es nicht ein Ordinarius war, musste es der klügste Student sein. Ich war, wie man weiß, schlau genug, mir einen solchen Freund und Privatlehrer bereits in meinem und seinem dritten Semester anzuschaffen – freilich entspricht diese Darstellung nicht meiner damaligen Absicht: Eine Zwanzigjährige hat keine Strategie, sie hat Glück. Dies Glück war nicht einmal eine Besonderheit, denn um die wenigen Studentinnen im Hörsaal saßen genug Männer, die sich umschauten.

So wurde ich eine Studienrätin, die an der von Jugend auf gepflogenen Liebe zum Schreiben und Lesen festhalten konnte, weil ihre Freunde, die an der Universität avancierten, dies auch taten, ja tun mussten. Nach zehn Jahren wollte ich, da ich in diese Schar von schreibenden Intellektuellen und Akademikern geraten war, meine Zugehörigkeit zu ihnen betonen und gab den Beruf auf. Der Umgang mit den Männern führte mich fast wie aus Versehen zu einer Promotion, später zu einigen weiteren wissenschaftlichen Büchern und gar zur Lehre an der Universität.

Die Belehrung durch Männer hat aber nicht nur auf mich gewirkt. Mein Fall ist nicht singulär. Christa Bürger etwa war eine Kollegin am Erlanger Gymnasium, ihr Mann ein Kollege meines Mannes; sie verließ, um zur Universität zu wechseln, etwa gleichzeitig mit mir den Schuldienst. Aleida Assmann ist ein relativ spätes, aber um so bekannteres Beispiel einer intellektuellen weiblichen Existenz, die zunächst durch den Vater, dann durch den Mann angeregt, geleitet und begleitet wurde. Die ersten Frauen, die an der Universität lehrten, auch Assistentinnen, die ich schon in der Studentenbewegung kennengelernt hatte, waren Frauen von Universitätslehrern, Elisabeth Lenk etwa, eine Schülerin und Freundin Adornos. Als die Emanzipation voranschritt, banden sich manche Studentinnen schon während des Studiums an Professoren aus ihrem Fach, und was sollten sie in dieser Umgebung anderes werden als selbst Professorin. Meine Epoche ist die Epoche der durch wohlwollende und verliebte Männer geleiteten Emanzipation.

Nachdem ich 1972 den Schuldienst verlassen hatte, begann die neue Freiheit voller Unbehagen. Ich saß in Marburg untätig und nicht glücklich herum und konnte meine Zeit am besten damit nutzen, die Situation der jungen Frauen zu beobachten, die nun mit größerer Selbstverständlichkeit studierten als ich in den Sechzigern. Als Ehefrau eines Ordinarius freundete ich mich mit einigen Studentinnen an. Aus der Erfahrung mit ihnen ging ein Artikel hervor, der in der Frankfurter Allgemeinen Zeitung erschien: »Die Schwierigkeiten einer Frau, intelligent zu werden«.

Auch wenn etwa diese Doktorandinnen einen frauenfreundlichen Doktorvater hatten, der ihre Arbeit gewissenhaft betreute, verlief ihre Karriere vor, in und nach der Promotion anders als die von Studenten. Nicht allein, dass Frauen sich selten zu einer Gruppe zusammen- oder einer Männergruppe anschlossen; höchstens geschah dies über einen engen Freund, der sie seinen Freunden zuführte, so dass sie Gesprächspartner hatten, die auf dem ihrer Arbeit angemessenen Niveau mit ihnen sprachen. Die Doktorandinnen verhielten sich aber auch sonst schüchtern, vorsichtig, prahlten nicht mit ihrem Wissen; sie zelebrierten geradezu Bescheidenheit und folgten den Anweisungen ihres Doktorvaters, traten mit dem verdienten Titel einen achtenswerten Beruf an, in dem sie erfolgreich waren. Eine wissenschaftliche Karriere zu avisieren, wie es Doktoranden taten, hätten sie als Anmaßung angesehen.

Ein tragisches Beispiel für das Scheitern der klugen Frau in der damals noch fast vollkommen männlichen Atmosphäre der Universität erlebte ich in Marburg. Eine Frau war für eine Assistentenstelle vorgesehen. Mir wurde angst und bang, denn ich konnte mir eine Frau, so intelligent, dass sie eine Stelle an der Universität einnehmen sollte, nur göttlich vorstellen, göttlich schön vor allem: Geist – der musste sich doch bei einer Frau in einem prächtigen Auftritt darstellen. Die Auserwählte kam. Sie war ein kümmerliches Fräulein mit farblosem Haar, schlechter Haltung, einem viel zu ernsten Gesicht – genau das, was man damals noch in verächtlicher Verehrung einen »Blaustrumpf« nannte. Meine Enttäuschung war groß, ich hätte mich gerne weiterhin vor einer Übermenschin gefürchtet. Doch war meine Enttäuschung unbedeutend im Vergleich zu der, die die junge Frau erleben musste. Binnen kurzem war sie in psychologischer Behandlung, endlich gar in einer psychiatrischen Anstalt. Die Isolation, die die Männer der Unschönen verordneten, zermürbte sie. Kein Kollege hatte sich ihrer angenommen, keine Gesprächsrunde, die sie aufgenommen hätte in dem Sinne, dass sie geachtet, gefragt gewesen wäre. Die Selbstverständlichkeit, mit der ein Mensch sich, wenn er in eine neue Umgebung kommt, an die bestehenden Runden anschließt, gab es nicht für eine Frau.

Zudem hatte eine Kollegin, sie mochte noch so unattraktiv sein, die Ehefrauen der Professoren gegen sich, denn, zurückgezogen ins eigene Heim, waren diese Frauen an Konkurrentinnen nicht gewöhnt, sahen also andere Frauen in der Nähe ihrer Männer ungern. Unberechtigt übrigens war dies Misstrauen tatsächlich nicht. Die Zahl der Studentinnen nahm zu, ihr Aussehen wurde attraktiver, der Blaustrumpf durfte sich endlich hübsch machen, und bald setzte eine Welle von Scheidungen ein, nicht wenige Professoren verließen ihre Frauen, um sich mit ihrer klügsten Schülerin zu verbinden.

Dies war ein wichtiger Schritt im Prozess der Emanzipation, die, ich bleibe dabei, durchaus männliche Wünsche erfüllt. Auch die Studenten, die nun mit Kommilitoninnen zusammenlebten, hatten den Professoren vorgeführt, dass Erotik und Geist einander nicht widersprechen müssen, dass vielmehr das Vergnügen einer Beziehung wächst, wenn man die Nacht gemeinsam verbringt und den Morgen danach mit einem intelligenten Plausch.

Ich habe die meiste Zeit meines Erwachsenenlebens unter Männern gelebt; die Freunde wurden mir, vor allem nachdem ich den Schuldienst und die Kollegen dort aufgegeben hatte, zugeführt. Alle diese Männer waren Akademiker, Professoren meist, lebten also in einer Welt, zu der ich mich nie zugehörig fühlte, deren Sprache ich aber beherrschte. Meine Erziehung durch Männer, in der Kindheit zum Wildfang, im Studium zur Intellektuellen, brachte mich dahin, dass ich zwei Sprachen spreche, eine weibliche und eine männliche.

Ich habe beschrieben, wie mich die neue Sprache beim Eintritt in die Universität erstaunte und wie ich zum ersten Mal erfuhr, dass Männer anders miteinander sprechen als Frauen. Das männliche Gespräch ist sachbezogen. Freilich gibt es private Anspielungen, doch herrscht so etwas wie eine Abstimmung zwischen den Partnern, welche Nachrichten dieser Art möglich sind, welche nicht. Die Rede zwischen Frauen hingegen tendiert ins Persönliche, geht in Sprüngen vor sich, schweift zwischen verschiedenen Feldern des Lebens, des Denkens, der Lieben und Vorlieben und wechselt von kulturellen Urteilen zu privaten Belangen. Ich würde sagen, das weibliche Gespräch tanzt, das männliche geht auf Pfad und Nebenpfad geradeaus. Auch fehlt den Männern beim Sprechen, obwohl man von Denksport spricht, der Körper, die Bewegung. Männer sitzen still und unterstreichen mit sparsamen Gesten den Gedanken. Der Körper darf die Aufmerksamkeit vom Kopf nicht abziehen. Bei Frauen bleibt auch im Gespräch der Kopf ein ansehnlicher Teil des Körpers, ihre Mimik lebt, ihre Hände unterstreichen das Gesagte – fast so, als glaubten sie nicht an sein Gewicht –, der Körper wiegt hin und her, sie sind eben nicht nur Gedanke, sie sind auch Stimmung und erlauben sich Banalität.

Wenn ein Mann aus der Strenge des Diskurses entkommen will – und selbst gesellschaftliches Reden von Männern hat immer noch etwas vom Diskurs –, so muss er einen Witz platzieren; eine Frau springt zu ihrer nächsten Idee, und die Partnerin, die sie für sich gewonnen hat, ist einverstanden und geht mit. Männer dürfen nie dumm erscheinen, sind es aber manchmal; Frauen können dumm aussehen, sind es aber gar nicht so oft.

Ich rede gern mit Männern, die nicht dumm sind, und ich hatte genug Gelegenheit dazu. Es gab viele Freunde, alles Akademiker, doch nur solche ohne den trockenen Ton, den auch Mephisto nicht mochte, alles Schöngeister vielmehr, die ihren wissenschaftlichen Gegenstand wie ein Schmuckstück präsentierten. Sie ehrten mich, Begleiterin eines ihrer Kollegen, die sie nie von sich aus zu sich herangezogen hätten, mit einer Aufmerksamkeit, wie sie damals von Männern Frauen gegenüber nicht üblich war. So folgten einander im Laufe der Jahre Gisbert Ter-Nedden, Gert Mattenklott, Rüdiger Bubner, Friedrich Kittler, Hans Robert Jauß, Peter Czerwinski und Reinhard Steiner.

Das Gespräch mit diesen Männern war stets ein Aufenthalt in einem schönen Land, es war aber doch eine Reise in die Fremde. Ich rede ebenso gern mit Frauen, die gescheit sind, und da bin ich dann ganz und gar zuhaus'. Mit den Frauen rede ich in der Muttersprache, mit Männern in einer Fremdsprache, die ich, da Frauen ja angeblich so sprachbegabt sein sollen, gut beherrsche und also um so lieber spreche.

Geld

»Wer den Pfennig nicht ehrt, ist des Talers nicht wert« – dies das Thema eines »Besinnungsaufsatzes«, den ich in einer mittleren Stufe des Gymnasiums, etwa 1955, zu schreiben hatte – kein passender Denkanstoß für Schüler von heute, die mit der Kreditkarte ihrer Mutter am Imbissstand ein Stück Pizza bezahlen und nicht überlegen müssen, was es kostet. Warum sollten sie mit einem abgesicherten Konto in der Hand an einen Cent mehr oder weniger denken?

Ich hingegen war Fachmann in dieser Sache, denn jeden Tag sah ich meine Mutter Pfennig für Pfennig in ihr Haushaltsbuch eintragen, das sie gewissenhaft führte. Die Nahrungsmittel und alle Einkäufe, die sie für die acht Personen tätigte, Milch, Butter, Mehl, Salz, Hefe, wurden täglich notiert, und es wurde überlegt, ob nicht da oder dort ein Gramm, ein halbes Pfund einzusparen gewesen wäre – denn Geld war immer zu wenig da. Sie behielt diese Sitte, der sich damals fast jede Hausfrau unterwarf, bis zu ihrem Tod in den neunziger Jahren bei, ehrte also den Pfennig auch in einer Zeit, da nur noch Ökonomen so taten, als wäre er dieser Aufmerksamkeit wert: Nur die Unternehmen täuschen bis heute, und auch nur in Deutschland, ihren Kunden eine kleinliche Gewissenhaftigkeit bei der Kalkulation des

Preises vor und eine unzeitgemäße Sparsamkeit, indem sie die Ware auf »Mark und Pfennig« berechnen und angeblich keinen Cent zu viel verlangen, lieber also 99 Cent als einen Euro.

So war denn auch die Themenstellung der Lehrerin zu verstehen als Indiz für das Aufatmen des Landes nach dem Krieg, für den Beginn einer Bundesrepublik, die sich einigen Luxus leisten kann, wogegen die Schulmoral angehen wollte, für den Beginn also dessen, was bald die Soziologen als Konsumarbeit beschrieben, diese fröhlichste aller Arbeiten, an der sich alle Schichten der Gesellschaft beteiligen. »Wir essen nicht um zu leben, wir leben um zu essen« – so das sarkastische Zitat meines Vaters aus Molières »Tartuffe«. Nach der Währungsreform begann diese neue Zeit der Verschwendung, die bald zur Pflicht werden sollte.

Vielleicht war die Beschäftigung mit dem Haushaltsbuch für die Hausfrau damals sogar ein Glück, so etwas wie ein Bummel durch die Warenwelt in einer Zeit, da es noch keine Supermärkte gab und keine Läden mit allzeit offenen Türen, in die die Frau von heute eintritt, wann immer sie eine Lust zur Verschwendung anwandelt, wo sie Preise studiert, Angebote einschätzt und manchmal, eine Weltreisende in der eigenen Provinz, mit einer unvorhergesehenen Errungenschaft nach Hause zurückkehrt. Nach dem Krieg jedoch stand die Frau immer vor verschlossenen Türen. Auch im »Kolonialwarenladen« um die Ecke musste sie die Türe erst vorsichtig öffnen, vor den Ladentisch treten und den Verkäufer persönlich um die gewünschte Ware bitten. Hätte sie nichts kaufen wollen, so wie es heute zum schnuppernden »Shoppen« gehört, hätte sie sich entschuldigen und verlegen zurückziehen müssen; diese Peinlichkeit wollte man vermeiden. Der Verkäufer schätzte seinen Kunden – aber er schätzte ihn auch ein. Und dieser wollte sein »Gesicht« wahren.

Wo aber wäre heute beim Weg durch Läden und Kaufhäuser ein Verkäufer zu finden, der den Kunden auch nur eines Blickes würdigte oder ihn gar mit Blicken verfolgte? Heute pendelt der Kunde gelassen durchs Warenparadies, es steht für ihn und alle offen. Die Abwesenheit des Verkäufers ist manchmal ein Mangel, eigentlich aber fühlt sich der Kunde ohne ihn wohler – und er soll sich wohl fühlen –, denn so wird er die Waren ungestört betrachten dürfen, sie anfassen, streicheln, prüfen; er erwägt einige Minuten diesen und dann lieber jenen Kauf oder vielleicht doch lieber überhaupt einen späteren und kehrt – eine vielfältig genutzte Verliebtheit des Kunden in Ware und Geschäft – mit Wünschen übervoll nach Hause zurück. Wollte früher eine Frau die Angebote der Geschäfte studieren, so machte sie abends mit ihrem Mann einen Schaufensterbummel – ein heute gänzlich in Vergessenheit geratenes Vergnügen, auch wenn es ebenso viele Schaufenster gibt wie ehedem, doch sieht heute kaum einer noch hinein.

Der Schaufensterbummel, ein Ersatz für das Vergnügen des Kaufens, weil Geld dafür fehlte, ist verschwunden, die Geldsorgen sind es nicht so ganz, sie sind aber anderer Art als nach dem Krieg, da man noch auf Militärkisten saß, von Blechtellern aß und jeder Brotaufstrich ein Luxus war.

Einen Kampf ums Geld hatte meine Mutter alltäglich auszufechten mit einem Ehemann, der ihr, was sie ihm bei solchen Verhandlungen stets vorwarf, sechs Kinder »aufgehängt« hatte, der dennoch der Luftikus geblieben war, in den sich die Siebzehnjährige verliebt hatte, der aber nun sein Weniges mit Vorliebe bei seiner Burschenschaft ausgab, woran sie allerdings, energiegeladen und lebenslustig, gerne teilnahm. Zu aller Not hatte dieser Ehemann auch noch einen Bruder – Rollschuh- und Schlittschuhlehrer –, den »Sepper, diesen Lump!«, dem er beisprang, sobald er finanziell »auf dem Trockenen saß«.

Meine Mutter ehrte also den Pfennig nur allzu sehr, denn sie musste ihn erobern. Sie konnte toben wie ein Sturm, wenn Geld verschwendet worden war. Einmal bekam ich bei solch einem Geldkrieg meiner Eltern, in dem ich hin und her getrieben wurde auf den Wellen böser Worte, einen Nervenzusammenbruch. Mein ältester Bruder erbarmte sich meiner, brachte mich ins elterliche Ehebett, suchte mich zu beruhigen durch seine sanfte Stimme, die das Getobe draußen mit einer wohlklingenden Melodie überspielte; der Sprinter eilte in die Stadt, kaufte ein Kinderbuch und las es mir vor – sollte es damals gewesen sein, dass die Zehnjährige lernte, wie Literatur trösten kann, wie glücklich sie macht?

Als mein Vater gestorben war, wurde die Lage finanziell für meine Mutter und ihre einzige Tochter, die das Gymnasium besuchte, noch schlechter, psychisch aber entspannte sie sich. Geregelte Maßnahmen zur Altersversorgung hatten sich die Kriegsheimkehrer selten vorgenommen, an Altersversorgung dachte keiner so kurze Zeit nach jener Katastrophe, in der er täglich dem Tod ins Auge gesehen hatte. Und so klagte denn auch meine Mutter, dass der Vater »eben nicht genug Marken geklebt habe«. Das hieß, dass er wenig für seine Rente und wenig für die Witwe angespart hatte. Da er vorher bei der Stadtverwaltung beschäftigt gewesen war, bekamen die Hinterbliebenen, Mutter und Tochter, immerhin eine städtische, also billige, aber dennoch schöne Wohnung mitten im katholischen Zentrum der Stadt, zwischen Dom, Domkapitel, Priesterseminar, und meine Mutter konnte nun, wenn sie den Blick aus dem drei Meter breiten Wohnzimmerfenster auf Straße und Kirchplatz warf, weidlich gegen die Geistlichkeit schimpfen, die dort unten vorbeizog.

Jetzt kehrte Friede in ihre Kasse ein und Ruhe in ihr Herz. Sie habe zwar wenig, so stellte sie gelassen und zufrieden fest, aber sie wisse immer wieviel und könne in Ruhe kalkulieren. Freilich sparte und hamsterte sie weiterhin und verärgerte mich, wenn ich bei ihr zu Besuch war und mit ihr ins Café ging, wo sie alle Zuckerstückchen und Milchkapseln, die übrig blieben, sammelte und in der Handtasche mit nach Hause nahm. Auch war es ihr unmöglich, je Essensreste wegzuwerfen, lieber zog sie sich einen verdorbenen Magen zu, als dass sie diese Gottesgaben dem Müll überlassen hätte. Sie war eben noch immer eine arme Frau, die aber nun das Wichtigste hatte, was sie brauchte, einen freien Atem und Zeit, über das nachzudenken, was sie wollte, auch wenn es Geld kostete. In der Tat redete sie vom Geld kaum mehr.

Mir aber hatte sich durch ihr Wutgebraus die Angst vor der Armut tief eingeprägt. Bis ich in einem eigenen Haus wohnte, »drehte ich jeden Pfennig um«, wie das damals hieß, denn ich wusste ja: »Wer den Pfennig nicht ehrt …«. Bei jedem Reclamheftchen, das gekauft wurde, grämte ich, die die Finanzen des jungen Haushalts verwaltete und die Steuererklärung machte, mich über die Pfennige, die da ausgegeben wurden, weil dies meine eng gesetzten Sparziele untergrub. Nach einigen Jahren legte ich die Verwaltung unseres Geldes in die Hände des Ehemannes, da ich nichts als Nervosität aus diesem Geschäft bezog. Aber auch dann prophezeite ich eine baldige Zukunft, in der wir »nur noch Blutwurst und Kartoffeln«, das karge Essen der Kriegsjahre, zu verzehren haben würden. Wie oft schlenderten wir durch die Stadt – vielleicht bei einem abendlichen Schaufensterbummel – und ich prophezeite wieder: »Blutwurst und Kartoffeln! Kartoffeln und Blutwurst!«

Ich war Studienrätin, mir bangte vor der Armut, und ich galt doch jedermann als reich. In den sechziger und siebziger Jahren nämlich gehörten wir zur neuen Generation der Doppelverdiener. Wie oft fiel nicht in vorwurfsvollem Ton der Satz: »Ja, Sie! Sie als Doppelverdiener!« Als ich Gastprofessor in Melbourne war, zählte man mich oft mit spitzer Zunge unter die *dinks*, das waren die verantwortungslosen jungen Paare mit *double income, no kids*.

1963 allerdings, da ich in den Schuldienst eintrat, war eine Frau, die arbeitete, eine Frau, die arbeiten *musste*, und also bedauernswert. Wie oft fragte mich nicht meine Mutter: »Warum arbeitest du eigentlich, du *musst* doch nicht arbeiten, du hast doch einen Mann, der gut verdient.« Arbeiten zu *müssen*, dies war eine Schande. Meine Tante etwa *musste* arbeiten: Sie war eine geschiedene Frau, war ein armes Mädchen gewesen, das noch dazu auf den falschen Mann »hereingefallen« war. Ihr war mit dem Beruf eine lebenslängliche Buße auferlegt – das war nicht nur die Meinung der böswilligen Umwelt, sie selbst empfand es so und litt darunter ein Leben lang.

Nicht nur den braven Bürgern war eine arbeitende Frau verächtlich. Auch unter den Intellektuellen und Professoren erregte ich wenn nicht Verachtung, so doch Skepsis und Neid. Für Rüdiger Bubner etwa, den Einzelgänger, der als philosophischer Ordinarius nicht arm sein konnte, blieben wir bis zu seinem Tod die beneideten »Doppelverdiener«, die »Ja! Sie!! Sie können sich das leisten!«. Und in der Tat: Als Doppelverdiener zogen wir bald aus einer kleinen Wohnung im Hochhaus in einen Bungalow an einem der Erlanger Weiher mit Blick auf diesen »See«, dann, als wir nach Stuttgart kamen, in eine prächtige Belle-Époque-Wohnung und schließlich ins eigene Haus am Hang eines Weinberges.

Den »Doppelverdienern« jener Jahre ging es wirklich besser als anderen jungen und älteren Paaren. Wenn beide Partner Geld einbrachten, war der eine, der Mann, der bislang Frau und Kind hatte ernähren müssen, entlastet. Die Doppelverdiener hatten in diesen ersten Jahren der Antibabypille meist keine Kinder. Sie erstrebten so etwas wie »Selbstverwirklichung«, an sich schon ein intellektueller Luxus, der zudem durch das höhere Einkommen auch noch einen materiellen ermöglichte. Der Neid auf ihren Wohlstand war begründet, weshalb es immer mehr Frauen mitzuarbeiten verlockte – noch immer war es so, dass die Frau nicht *arbeitete*, sondern *mit-arbeitete*.

Eigentlich aber war der neue Luxus nicht nur Spaß und emanzipatorische Geste, sondern ökonomische Notwendigkeit: Die Ansprüche wuchsen, und sie sollten wachsen, denn die Bundesrepublik legte sich endgültig auf den Grundsatz fest, dass eine gesunde Wirtschaft nur eine ist, die wächst, die immer mehr produziert, immer mehr konsumiert. Mit den Ansprüchen wuchsen die Preise, mit diesen wuchs der Bedarf an Haushaltsgeld, es wuchsen auch die Ausgaben für die Kinder. Auf einmal hieß man nicht mehr »Doppelverdiener«, weil alle Doppelverdiener sein mussten.

Auch meine Geldsorgen schwanden, wenngleich langsam. Ich fürchte mich nicht mehr vor »Blutwurst und Kartoffel« – doch die Sparsamkeit ist geblieben, und sie nimmt komische Züge an, wenn ich ausrechne, ob ich beim Verlassen des Schreibtischs die Lampe ausmache oder nicht: Komme ich früher als nach zehn Minuten zurück, dann bleibt sie besser an, denn der Strom, der für das Einschalten verbraucht wird, ist etwa der einer Brenndauer von 15 Minuten. Habe ich sie aber angelassen und werde aufgehalten, komme also drei Minuten zu spät an den Schreibtisch zurück, so habe ich schon wieder ein Zehntel-Cent vertan.

Mit dieser Sparsamkeit habe ich es dahin gebracht, dass es so aussieht, als hätte ich ausreichend Geld, und ich habe es auch. Mittlerweile ist in diesem Land ein Wort von höchster Attraktivität, das Wort »Genuss«. Es gibt ein »Genuss-Café«, das Stadtmanagement bietet »Genuss-Spaziergänge« durch die Stadt an, die Fitness-Center empfehlen »Genuss-Training«. So müsste ich denn auch zeitgemäß ein Bekenntnis zum »Genuss-Sparen« ablegen.

Das Versprechen auf Lebensglück, das angehäuftes Geld enthält, löse ich für mich denn auch immer wieder ein und verwandle Geld in Genuss. Ich kann Geld nicht in Pfennigen ausgeben, wohl aber in Talern und Tausenden. Dieses Talent hat sich plötzlich offenbart, just als ich die Existenz des Doppelverdieners, der Frau, die mitarbeitet, aufgab. Als wir nach Marburg zogen, quittierte ich den Schuldienst, saß ratlos herum, beschäftigte mich mit dem Besuch von Lehrveranstaltungen in Frankfurt, mit kleinen Schriften und einigen Lehraufträgen an benachbarten Universitäten. Durch die Aufgabe des Berufs aber hatte sich das Ersparte verdoppelt – und dazu hatte der bayerische Staat beigetragen. Einer Frau, die das Beamtenverhältnis kündigte, erstattete er die einbehaltene Altersversorgung zurück mit der Begründung, dass sie nicht gehindert werden solle, ihrer »natürlichen Bestimmung« zu obliegen. Männer hingegen, falls sie das Beamtenverhältnis aufgaben, verscherzten ihre Einzahlung. So erhielt ich eine Rückzahlung von 14 000 Mark. Mit dem Selbstersparten entstand der neue und geradezu peinliche Gedanke: »Was tun, wenn das so weitergeht?«

Und es ging so weiter: Ich erlöste mich aus der Marburger Trostlosigkeit, wurde Lektorin in Paris, bekam, da manche Professoren sich damals schon der Frauen annahmen, Lehrstuhlvertretungen an der Universität und noch dazu immer in interessanten Städten, publizierte in Zeitungen, machte

Sendungen für den Rundfunk, führte also das, was man heute eine Patchwork-Existenz nennt, und musste lernen, das reichliche Geld, das da zusammenkam, in Schönheit zu verwandeln, in Haus, Garten, Bücher, Bilder.

Doch inzwischen ist eine neue Epoche der finanziellen Sonderstellung angebrochen: Ich bin zwar nicht arm – neuerdings bin ich ärmer: ärmer nämlich als viele junge Leute um mich herum. Inzwischen ist der finanziell Glückliche nicht der Doppelverdiener, sondern der Erbe. Und geerbt habe ich, der Herkunft und der Zeit entsprechend, nichts. Die Eltern der im Krieg geborenen Kinder hatten nach der Katastrophe des Krieges einen Haushalt aufzubauen, jeder Stuhl musste neu gekauft werden, jeder Kochtopf, jedes Hemd. Die jüngeren Kriegsheimkehrer, die dem politisch-ökonomischen Programm des Schulden-Machens glaubten, das in den Sechzigern kursierte, schufen Aufstieg und Blüte der Bundesrepublik, und erst die Kinder und Enkel profitierten davon. Die nächste Generation kann nun ein kleines Erbe entgegennehmen, ein Häuschen, ein Ferienhaus, vielleicht auch ein kleines Vermögen, das die Eltern zusammengespart haben.

In der Abiturklasse 1958 brachte die Deutschlehrerin das damals höchst provozierende Thema »Emanzipation« zur Sprache. Ich interessierte mich dafür nicht. Schillers Frauen waren Helden, keine Emanzen. Ich stellte mich vor die Klasse und wies die sofort für die Emanzipation begeisterten Kameradinnen zurecht: Dumm seien sie; ein reicher Mann, das sei die Chance, ein Leben in Spaß und Annehmlichkeit zu verbringen. Was sonst sollte ich mir wünschen als das, was sich schon meine Mutter gewünscht hatte: den richtigen Mann, nicht den richtigen Beruf. Ich konnte mir gar nicht vorstellen, was das ist: eine Frau mit Beruf. So habe ich es, obwohl ich nie an die schöne Rede vor meinen Klassenkameradinnen mehr dachte, denn auch gehalten. Mein Leben ist das einer Prinzessin, die Bücher liest und ein wenig schreibt. Zwar finanziert dies Leben kein Erbprinz, sondern ein Beamter, und so ist all mein Schreiben ein Loblied auf das Beamtentum. Ich galt immer für reich und hielt mich immer für arm; ich galt immer für emanzipiert und war es nicht. Ich ehre jeden Pfennig und lebe mit ausreichend vielen Talern, ich liebe die schriftliche Plauderei und ziehe daraus die Ehre, für emanzipiert zu gelten, und schalte im richtigen Moment das Licht aus.

Im Café

DIE Geschichte meines bundesrepublikanischen Lebens folgt dem Rhythmus Kaffee – Tee – Café.

Im Krieg gab es nur Kaffee-Ersatz, »Muckefuck«, ein Getränk mit einem Namen, den man nie geschrieben sah. Glücklich war deshalb Loki Schmidt, als sie, Leiterin der Kinderlandverschickung, bei einer Lehrerkonferenz »echten Kaffee« bekam: »Wichtig für uns bei den Konferenzen war der Erfahrungsaustausch«, schreibt sie in dem von Wolf Jobst Siedler herausgegebenen Band »Kindheit und Jugend unter Hitler«. »Wichtig für uns war aber auch, dass wir jedes Mal ein kleines Tütchen mit einem Achtelpfund Bohnenkaffee bekamen, damals eine Rarität.« Aber auch nach dem Krieg warb man noch für Muckefuck, der nun »Kathreiner Malz« hieß. In sauberen, blau-weißen Tüten war der braune Staub in den kleinen, provisorisch eingerichteten Lebensmittelgeschäften zu kaufen. In ihren Regalen, die aus im Schutt gefundenen Latten zusammengenagelt waren, klafften noch viele Lücken, aber die blau-weißen Tüten sah man sofort. Kinder bekamen zum Frühstück dies harmlose Getränk. Die Eltern aber konnten sich nach dem Mittagessen wieder den »echten« Kaffee erlauben, und wenn es ins Café ging, gab es »echt« auch dort.

Ich lernte, vier oder fünf Jahre alt, das Kaffeehaus in den schlimmsten Jahren des Krieges kennen. Einsam war es im dämmrigen Raum mit den kleinen Tischchen und Sesselchen. Man betrat es, wie die Kirche, an der Hand der Mutter. Der Sessel war bequem, für mich fast ein Bett, in ihm konnte ich mich zurücklehnen, nach rechts, nach links schauen. Er war eine Insel, von der aus ich die Welt beobachtete und mit ihr schüchterne Blicke tauschte.

Freilich sehnte sich in den Kriegsjahren meine Mutter dort auch nach anderen Gästen, um mit ihnen über die Schrecken dieser Jahre reden zu können. Doch sie hatte keine Freundin, dafür hatte sie viel zu viel Familie, auch wenn diese in den letzten Jahren des Krieges nicht um sie war, sondern »an der Front« – seltsame Wörter fielen da, während sie ihren Kaffee trank – einen »echten«, wie es ihn eben nur an diesem Ort noch gab. Ich, die Vierjährige, horchte auf diese unbekannten Wörter, ich erfuhr etwas vom »Westwall«, von »Stalingrad«, von »Luftangriffen« und sogar etwas von den »Parteibonzen«, denn die kannte meine Mutter von Angesicht zu Angesicht; oft genug musste man vor ihnen auf dem Gehsteig ausweichen, sie schauten mit finsterer Miene um sich. Die Gespräche der Frauen aber waren, auch wenn sie politische Personen und Verhältnisse betrafen, nicht politisch, sondern so, wie man über Nachbarn spricht, die einen sowieso schon immer geärgert haben. Der Tenor der Rede war Missmut, nicht Kritik und nicht einmal

Klage. Eigentlich hätten Leid, Angst, Sorge dominieren müssen um die fünf Männer »an der Front«. Klage aber übersetzte sich, wahrscheinlich weil es zu viel davon gab, in eine allgegenwärtige Art von Verdruss.

Ohnehin gehörte es zur Tradition und zum Stil des Cafés, glücklich zu sein; also war man verpflichtet, sich in dieser schweren Zeit stark zu fühlen und über die Welt »herzuziehen«; man klammerte sich geradezu ans Glück. So saßen wir denn in unseren Sesseln, die »Mutti« und ich, und ich übte mich darin, eine kleine Dame zu sein.

Im Café gab es, ganz anders als heute, kein Baby. Ein Kind, ein kleines Mädchen, durfte es erst betreten, wenn es still sitzen und schweigen oder eine kleine Rede halten konnte, wenn sie also die kleine Dame in sich schon ahnte. Babys sah man nur in Kinderwägen auf der Straße. Für die Mutter bedeutete der Besuch im Café, wenn sich endlich das Kind zur Begleiterin entwickelt hatte, die Entlassung aus dem häuslichen Gefängnis, für das Kind war der Besuch im Café eine Initiation: Endlich stand es so sicher auf den Beinen, dass es die Hauptstraßen der Eleganz entlanggehen, am Schaufensterbummel der Mutter teilnehmen und im Café neben ihr Platz nehmen konnte. Der Besuch im Café war ein Erziehungsakt, bei dem Disziplinierung und Vergnügen ineinander übergingen. Was Wunder, dass dieses Kind, dem es nicht um Limonade und Kuchen zu tun war, sondern um die Ehre des Dabeiseins – um Atmosphäre, um Stille, leises Sprechen, was alles schwer zu erlernen war, um ruhiges und gerades Sitzen, um die Übung sozialer Tugenden eben –, ein Leben lang Gast im Kaffeehaus bleiben sollte, seinem liebsten Klassenzimmer, seinem interessantesten Theater und Zuschauerraum, und dass es als Flaneur Städte vor allem nach der Qualität dieser Etablissements einschätzt.

In den letzten Jahren des Krieges war das Café ein Ort, der Friede bedeutete, denn zu Hause herrschte der Krieg: Da gab es Briefe von der Front und allabendlich das Heulen der Sirenen, die vor einer Bombardierung warnten. Die Sirenen konnten die Caféhausgäste freilich auch beim Stadtbummel überraschen, wie einmal auch uns, meine Mutter und mich, als wir im »Alten Kranen«, einem massiven Bau am Ufer des Mains, den Balthasar Neumann errichtet hatte, vom Angriff überrascht wurden und uns dort unter dem Donner der Tiefflieger eine volle Stunde duckten.

Nach dem Krieg blieb das Café der wichtigste Treffpunkt meiner Eltern, obwohl es den »echten« Kaffee nun auch zu Hause gab und obwohl in den sechziger Jahren die Epoche des Tees anbrach. In dieses neue Jahrhundert des Tees trat auch ich ein, Mutter und Großmutter hingegen blieben Schaufenster-Bummelanten, die im Kaffeehaus landeten. Die Großmutter, über achtzig und seit Geburt mit schlechtem Gedächtnis ausgestattet, erschien dort oft zweimal am Tag, weil sie vergessen hatte, dass sie schon dagewesen war. Wenn die Bedienung sie darauf aufmerksam machte, sagte sie nur in gutem Fränkisch: »Dann bringe se desselbe halt noch emol«.

Der Tee und die Studentenbewegung gehören zusammen. Zum ersten Mal bestimmte die Jugend das tägliche, das kulturelle und das politische Leben und verwies das behäbige Bürgertum ins Abseits. Die Mütter saßen nun in den Cafés und sorgten sich um ihre »linken« Kinder, die auf einmal zu »den Roten« übergelaufen waren und keinen Kaffee mehr tranken – weil das Getränk die Assoziation behäbiger Runden rundlicher Bürgersfrauen weckte.

Was die jungen Leute vom Kaffee zum Tee führte, war intellektueller Stolz. Einst zwar, doch das war lange her, war das Café der Ort dieser Intellektuellen gewesen. Vom Café Pedrocchi in Padua, wo Stendhal, Byron und Dario Fo verkehrten, bis zum Café Central in Wien bezogen diese Lokalitäten ihren Ruf aus den Namen der Schriftsteller und oppositionellen Intellektuellen, die dort ihre Werke schrieben, dort täglich und sehr lange saßen und als Habitués zum symbolischen Attribut des Cafés geworden waren. Man könnte das »Café Central« ebenso gut Café Altenberg, das »Deux Magot« Café Beauvoir nennen. Nun aber übertönte den Geist dieser mageren Kaffeetrinker das Geplauder der rundlichen Tortenesserinnen. Die Gemütlichkeit, die sie, erlöst von den Schrecken des Krieges, in vollen Zügen genossen, schlug den intellektuellen Stammgast in die Flucht.

Die Intellektuellen hatten sich einst in die Cafés geflüchtet aus Armut, ihre Wohnungen waren nicht groß genug, um sich darin wie in einem Salon zu versammeln. Sie trafen sich im Café, ließen »anschreiben«, verschafften dem Wirt wenig finanziellen Gewinn, aber Ansehen. Dem bereitete die ökonomische Kalkulation der Besitzer, die am Wirtschaftswunder teilhaben wollten, ein Ende.

An Ansehen gewann nach dem Krieg der Tee, denn er ließ sich in einer Zeit, in der es noch nicht die häusliche Kaffeemaschine gab, auch zu Hause leicht zubereiten. Er war geeignet für Studenten, die Stipendien bekamen und sich in Wohngemeinschaften zusammentaten. Der Tee galt ihnen als das Getränk, das den Kopf reinigt, den Geist anregt, der Kaffee hingegen animierte zu leerem Aktivismus – und die Medizin tat das Ihre, diese Unterscheidung zu bestätigen. Der Herzinfarkt, *die* Managerkrankheit, galt als Folge fetten Essens, vor allem aber eines übermäßigen Kaffeekonsums.

Tee war englisch, Englisch war vornehm im intellektuellen Sinne. Kaffee kaufte man in der Stadt, Tee ließen wir uns von Spezialfirmen liefern, besonders von solchen aus Bremen, die schon damals, und das bewunderte jedermann, mit aller Welt in Kontakt standen, die besten Sorten bezogen und Deutschland wieder mit der Welt verbanden. Es gab eine Art studentischer Teebörse, in der zwar nicht gehandelt, wohl aber heftig gestritten wurde um die beste Note für eine Teesorte und um die besten Lieferanten. Von Florian Höllerer, dem Leiter des Stuttgarter Literaturhauses, bekam ich noch nach der Jahrtausendwende, nachdem wir uns schwärmerisch über die intellektuelle Qualität des Tees ausgelassen hatten, den Prospekt eines Pariser Geschäfts, das auf qualitätsvolle Tees spezialisiert war: 100 Gramm für 100 Franc – solche Preise und solche Diskussionen über den Tee erzeugten gruselige Glücksgefühle.

Und heute? Kaffee! Kaffee in großen, schweren Tassen! Nicht intellektuelle Einsicht, nicht medizinische Erfahrung, nicht geschmackliche Vorlieben haben den Kaffee zum täglich mehrfach genossenen Getränk gemacht. Die Technik, die Maschine, hat ihm die Vorherrschaft verschafft, die nun alle Gesten in Haus und Öffentlichkeit färbt: die Art, wie man sitzt, wann, wie lange, mit wem, wozu, wie man redet, wie man sich bewegt, denkt, schaut oder nicht schaut. Tausend Plätze in der Stadt mit einem Tischlein-deck-dich! Eine Tasse Kaffee bekommt man im Nu – die Schnelligkeit der Bedienung ist wichtig. Alle stilistischen und medizinischen Bedenken, die sich auf Goethe berufen konnten und dem Kaffeetrinker Magenschmerzen und Kopfweh, wenn nicht gar den plötzlichen Tod verkündeten, sind verstummt. Italien, dieses Land, wo man schon in den fünfziger Jahren als Reisender die blitzenden Espresso-Maschinen bewunderte, aus denen das schwarze Getränk in kleine Tassen tropfte, wo man zum ersten Mal an einer Bar stand, staunte, trank und ging, hat den Stil der Kaffeekultur des Nordens geprägt. Die Maschine, die nun auch für den Hausgebrauch entwickelt wurde, hat ein Italien, das vom Morgen bis zum Abend reicht, in jedem Haushalt eingerichtet.

Die frühere Kaffeekultur in den deutschen Städten war geprägt vom Stil des Wiener Kaffeehauses, der Teegenuss der sechziger Jahre hatte sich an England orientiert, die heutige Kaffeekultur kommt aus Italien: Espresso, Cappuccino, Latte macchiato sind neue Varianten, die als Abweichungen vom deutschen Filterkaffee schon durch den Wohlklang des Namens die Neugier weckten.

Die Studenten waren bei der Einführung dieser Kultur Pioniere, denn sie und eben auch meine Freunde und ich verbrachten seit den frühen sechziger Jahren die Ferien in Italien, um dort von Kuppel zu Säule zu Fresko zu pilgern. Siena vor allem war unser Ziel, auch Florenz und die oberitalienischen Städte und nur aus Pflicht Rom. In den Uffizien hallten, wenn wir vor den Bildern diskutierten, die Stimmen in den hohen Sälen, denn wir waren die einzigen Besucher. Draußen in der Bar lernten wir von den Italienern, wie der schnelle Kaffee zu trinken sei, wir mussten lernen, wie man das Geld samt Trinkgeld auf die Theke wirft, wie man zu blicken, wann und wie man wieder zu gehen hat. Jedes Lebensmittel provoziert einen Lebensstil, eine genaue Art, auf die es genossen sein will. Wahrscheinlich haben wir, wieder draußen auf der Straße, nicht mehr so laut und bayrisch gelacht wie zu Hause in Deutschland. Wir lernten auch, dass das Abendessen mit dem kleinen Tässchen und dem schwarzen Getränk einen klaren Schlusspunkt setzt. Tagsüber experimentierten wir mit *lungo*, *doppio*, *ristretto*, *castrato*, *corretto*, *affogato*, *macchiato*. Wir entdeckten den Cappuccino, diese schwarze Aggression in weißer Verhüllung, und gaben uns wie Einheimische, indem wir ihn in eleganter Witzigkeit »Capputsch« nannten.

Zurückgekehrt, besuchten wir wieder das Wiener Café, wie es sich in Deutschland etabliert hatte, tranken Kaffee, aßen Kuchen und bedauerten, dass sich der italienische Stil nicht beibehalten ließ, denn Café-Bars an jedem Straßeneck gab es nicht. Der Espresso musste durch den Mokka ersetzt werden, der Cappuccino durch einen kleinen oder großen Braunen oder durch Kaffee mit Sahne.

Den ersten Espresso, den wir in der Heimat endlich doch haben konnten, genossen wir wie eine Sünde. Es gab ihn Ende der siebziger Jahre in Stuttgart am Bahnhof in der »Bali-Bar«, also in der Nähe der Fernzüge, nicht mitten in der Stadt. Oft gingen wir gegen Mitternacht, nachdem wir genug gelesen oder geschrieben hatten, an diesen Ort, wo rohe Männer an der Theke saßen, und meinten Weltläufigkeit, wenn wir, wie wir damals noch glaubten, einen ungesunden Espresso tranken. Wenn wir von diesem Abenteuer nach Hause zurückkamen, vereinigten wir in uns die Stadtgeschichte Europas: französische Flaneure, deutsche Geistesarbeiter und – endlich – Italiener. Der zunehmende Tourismus bescherte den Haushalten schließlich den Espressokocher der Firma Sansibar, das praktische und so billige Gerät, das sich auch der ärmste Italiener und nun jeder deutsche Student leisten konnte.

Endlich entdeckten die Italiener, die bislang in Deutschland nur als Gastarbeiter gebraucht wurden, dass sie mit Restaurants eine angenehmere Art von Verdienst hätten und mehr Anerkennung. Schick waren nun die italienischen Restaurants, die die jugoslawischen verdrängten, die seit den sechziger Jahren den Städten eine exotische Note gegeben hatten. Das Ansehen der italienischen Lokale profitierte von einer neuen Orientierung des Lebensstils. Dieser richtete sich immer mehr an der Gesundheit aus. Die Priester, die von Sünde und Verdammnis sprachen, wurden durch die Mediziner ersetzt, die über Leben und Tod Bescheid wussten. Italienisches Essen wurde von ihnen als gesund gepriesen, und so verband sich die Exotik der frühen Reiseerlebnisse, die ein zunehmender Tourismus immer mehr Menschen bescherte, mit dem Traum vom langen Leben, und das hieß: Omega 3, eine Kost, reich an Olivenöl, wie die aus Italien, mit einem Espresso zum Abschluss.

Nicht nur *mein* persönliches Glück, das, das *alle* mit mir teilen, ist die Allgegenwart des Kaffees in dieser westlichen Welt. Keine hundert Meter geht man, schon trifft man auf eine Kaffeebar! Bestellt man einen Kaffee, ist er gut oder besser und noch besser. Allerdings: Die Einrichtung der Kaffee-Stationen ist so ungemütlich wie möglich, denn das Arrangement der Sitzgelegenheit ist bestimmt durch den Mangel an Raum. Die Sitze, die keine Sessel mehr sein dürfen, sind eng gestellt, die Sitzfläche ist klein und unbequem. Platzsparen ist das Einrichtungsprinzip der Großstadt, möglichst viele Kunden auf kleinstem Raum. Die Gäste ignorieren sich trotz der Nähe, in der sie sich, optisch und akustisch, bedrängen. Sessel, die viel Platz verschwenden, gibt es nicht mehr, statt dessen nehmen die Hochsitze überhand, die am wenigsten Raum verbrauchen, nicht mehr nämlich als der Hintern, die Beine baumeln senkrecht zu Boden. Ausstrecken, sich zurücklehnen, sich dehnen, wenden, das geht nicht in so unsicherer Balance. Man soll ja auch nicht allzu lange sitzen bleiben. Nicht selten nennt sich schick, was ökonomisch opportun ist, und in diesem Fall glauben es die meisten, dass diese taktisch so kluge Unbequemlichkeit schick sei.

Es gibt viel Kaffee, guten Kaffee, ein schöner Sitz aber, wo man ihn genießt, ist nicht vorgesehen. Der Kaffee ist vom Getränk der verwöhnten und aufständischen Bohemiens zunächst zu dem unterhaltungslustiger Damen und nun zum Volksgetränk geworden, von der seltenen Kommunion eingebildeter oder auch wirklicher Geister zum Minutentrost für jedermann – draußen so gut wie zu Hause. Auch das Kaffeekränzchen kann es mit emanzipierten und berufstätigen Frauen nicht mehr geben, und mit ihrem Auftritt ist im Café und zu Hause auch die Kaffeekanne verschwunden und das zerbrechliche Porzellan, das den Kaffee zum vornehmen Getränk machte. Dieses hat die Spülmaschine verdrängt, der man lieber einen dicken Pott anvertraut. Der Revolutionär, einstiger Stolz eines Cafés, missdeutet dies als seine Leistung: Das Volk hat gesiegt!

Laufen

Ich bin in einer anderen Welt aufgewachsen als in der der heutigen Stadt, in einer aus Sand, Erde, Matsch. Evakuiert 1945 auf einem Dorf in der Nähe von Würzburg, erfuhr ich die Welt mit Händen und Füßen, ich sprang herum zwischen Kühen, draußen auf den Wiesen, es sprangen Grashüpfer um mich herum, Schmetterlinge waren da, Spinnen, und ich nagte »die Maisbobbele« von den Maiskolben ab. Ich rutschte aus und fiel in den Dreck, machte meinen Rock, meine Strümpfe, den Hintern schmutzig – Hosen durfte damals ein kleines Mädchen nicht tragen, wie hätte darin ein Knicks ausgesehen.

Als wir nach Würzburg zurückzogen, wohnten wir im letzten Haus der Stadt oben auf einem der Hügel, hinter uns begannen die Felder, rechts vom Haus lag ein kleiner Wald, an dessen Rand der erste Bus hielt, der nach dem Krieg fuhr. Alle Kinder spielten den ganzen Tag draußen, Mütter hatten sich nicht viel um sie zu kümmern. Alle kannten sich und spielten miteinander. Ich holte aber auch die Welt draußen herein in »mein« Haus. So sammelte ich etwa Schneckenhäuser, ordnete sie zu einer Schulklasse, gab ihnen Aufgaben, Noten und ließ sie »durchfallen«. Besonders gern spielte ich mit den Kirschen, die vom Baum vor dem Haus heruntergefallen waren. Wir hatten einen Kachelofen, der durch zwei Zimmer ging und einen Behälter hatte, in dem man im Winter etwas warm halten oder Äpfel braten konnte. Im Sommer richtete ich für die Kirschen dort ein Krankenhaus ein. In die kleinen Betten aus Watte wurden die heruntergefallenen Kirschen gelegt und gepflegt, denn eine Delle, eine Schramme hatten sie alle – und freilich hat meine Intensivstation, für die ich diese Bezeichnung damals noch nicht kannte, keiner der Patienten überlebt. Immer musste ich wieder eine verfaulte Kirsche begraben.

Draußen zu sein in Sand, Erde, Dreck bleibt meine Sehnsucht bis heute; vom Schreibtisch, wo ich schreibe, vom Sessel, in dem ich lese, treibt es mich hinaus. Ich suche nicht nur die Natur, ich besuche die Landschaft. Das ist das, was das Auge aus dem ungeordneten Angebot, das der Fuß sich ergeht, aus Bäumen, Hecken, Ästen, Blüten, Steinen, Pfützen, Kirchtürmen, Dächern, Schloten, Rinnsalen, Bächen, Brücken, auswählt und zu einem Gemälde komponiert. Der Spaziergänger ist Landschaftsmaler. Der Spazierweg umschreibt den Bilderrahmen, in dem das Gedächtnis das Erlebnis »Draußen« aufbewahrt, und wenn ich wieder am Schreibtisch, im Sessel sitze, bin ich um ein Gemälde reicher.

Die Erinnerung schafft ein schöneres Bild als jedes, das an der Wand hängt, denn es ist entstanden nicht nur aus einer optischen Erfahrung, sondern auch aus einem haptischen Erlebnis. In dieser Landschaft habe ich geatmet, gefühlt, getastet, und in solcher Sinnlichkeit verweilt nun auch ihr Bild in meiner Erinnerung. Der Nachteil allerdings: Dies Bild verdämmert und muss immer wieder auf Spaziergängen neu erschaffen werden.

Was Leben heißt, erfahre ich zuerst im Laufen. Deshalb ist der Boden, auf dem, und der Schuh, in dem ich gehe, das Fundament, auf dem meine Person sich aufbaut. Ich bin mein Schuh. Wenn ich aus dem Haus gehe, fällt die Entscheidung darüber, wie mich die Welt sehen soll, vom Schuh her, und die Auswahl des Schuhs hängt ab von der Weite des Ausflugs, von der Länge des Stehens, vor allem aber vom Grund, auf dem ich gehen werde. Gehe ich zu einer Einladung mit einem Essen: Der Schuh kann dann sehr hoch sein; habe ich viel zu besorgen in der Stadt: Der Schuh hat eine mäßige Höhe; gehe ich spazieren: Der Schuh ist sportlich weich.

Das Schicksal hat es mir mit den Schuhen nicht leicht gemacht, denn in Schuhen mit Absätzen unter 5 cm fühle ich mich nicht wohl, und je höher, je wohler. So erinnere ich mich noch immer wie einer Heldentat, dass ich mich seit meiner Ankunft in Stuttgart zweimal wöchentlich auf 10 cm hohen Pfennigabsätzen aus der Jugendstil-Wohnung zur Jugendstil-Markthalle schaukelte, dort einkaufte und mit zwei Taschen voll Kartoffeln, Gemüse, Brot nach Hause jonglierte.

Es ist nicht Eitelkeit, es ist Schicksal, was mich bis heute zu solchen Balanceakten veranlasst. Ich bin klein und rundlich, und dem muss ich entgegenarbeiten. Das war mir schon mit zwei Jahren bewusst, meine Mutter beobachtete das und meinte, ich sei krank. Sie ging mit mir zum Arzt, weil ich nur noch auf Zehenspitzen stand und lief. Der Arzt beruhigte die Besorgte: Das sei keine Krankheit, das gebe sich wieder. Es hat sich nicht gegeben! Nie habe ich das Laufen auf Zehenspitzen aufgegeben. Diese fünf Riesen, zwischen denen ich aufwuchs, die mich einander zuwarfen, stehen noch immer da und wollen sich ihr Schwesterchen schnappen. Ich bin 1,76 cm hoch gewachsen, klein blieb ich trotzdem.

Spätere Familienfotos zeigen mich in der Mitte dieser Männer, nun alle einen halben Kopf kleiner als ich – reichen sie denn bis zum Saum meines Minirocks? Ich jedenfalls hielt an dem Urteil fest, ich bin zu klein. Manchmal sah ich auch das helle Entsetzen in den Augen der Passanten, die mir folgten, über den Kothurn, den mein Selbstbewusstsein brauchte: so etwa als ich von Westberlin ins Theater nach Ostberlin fuhr. Da stand ich auf dem Bahnsteig in den seltsamsten Entwürfen, die sich Designer je für Schuhe hatten ausdenken können: auf Plateausohlen. Die DDR-Bürger konnten von mir nicht mehr wegsehen, ich war ein tröstlicher Beweis für sie, wie verrückt der Westen geworden ist.

Ich habe aber auch vernünftige Füße. Mit denen laufe ich stundenlang, wie es sich für einen Leser der Literatur des 19. Jahrhunderts ziemt, durch die Landschaft in bequemen, dem Fuß angepassten Schuhen. Und durch diesen dauernden Wechsel des

Schuhzeugs ist mein Leben auch ein historisches Dokument des Bodens, auf dem ich gehe.

Dasein ist ein Gespräch mit Dingen, also auch mit dem Boden, auf dem man geht. Diese Konversation änderte sich zeit meines Lebens von Jahrzehnt zu Jahrzehnt. Wie anders spricht die Welt der Dinge zu einem in der Jugend, anders im Alter. Der Charakter einer Gesellschaft wird meist von ihrem politischen Programm hergeleitet, heißt demokratisch, christlich, sozialistisch, autoritär. In diesen Systemen aber bewegen sich Menschen, deren Bedürfnisse, deren Wünsche, Phantasien, Spiele für sie über aller politischen Ordnung stehen, deren Alltag eher einem Stil gehorcht denn einem Programm. Das Wesen dieses Alltagsmenschen lässt sich an den Attributen, die er sich zuordnet, besser ablesen als an seinen Glaubenssätzen und Meinungen, also auch am Schuh, den er trägt.

Die Gesellschaft stellt dem Einzelnen eine Art Werk- und Lagerhalle von Objekten bereit, aus denen er, so er will und kann, für sich auswählt. Aus diesem Speicher, den der Zeitgeist immer wieder mit Neuem füllt, nimmt sich ein jeder Objekte heraus und gebraucht sie, um seinen Platz in der Welt zu bezeichnen. Der Gang aus dem Haus hinaus führt auf die Straße, die immer schon eines der wichtigsten »Accessoires« des menschlichen In-der-Welt-Seins war. Der Weg dessen, der das Haus verlässt, kann über Pflaster, Stein, Asphalt gehen, durch Sand, durch Pfützen und Matsch. Je nach Verwendung dieser Materialien lässt sich die westliche Kultur in Epochen einteilen.

In der Mitte der sechziger Jahre wurde ich zur Weltreisenden, und wo immer ich übernachtete, in Amsterdam oder Florenz, in Stockholm oder Rom, nachts, bei der Rückkehr aus der Stadt, schritt ich in den Fluren der Hotels an Dutzenden von Schuhpaaren vorbei. Sehr gut ließen sich bei dieser Parade Einkommen und Geschmack der Gäste taxieren. Eine Hausfrau hatte bis in die sechziger Jahre des vorigen Jahrhunderts hinein alltäglich und je nach Größe der Familie eine lange Reihe von Schuhpaaren vor ihrer Küchentüre stehen, die sie putzen sollte. Mit der durchgängigen Asphaltierung war diese Aufgabe überflüssig geworden, endgültig seit es das Auto gibt, in das Fahrer und Mitfahrer direkt vor der Haustüre einsteigen, so dass ihre Schuhe mit Schmutz kaum noch in Berührung kommen.

Die neuen Straßen haben jedoch mein Glück am Spaziergang getrübt. Früher führte er über unbefestigte Wege, erdige Pfade, Steine und Wurzeln, bei Regen über nasse Straßen und in Pfützen hinein. Nun hat die Epoche der Versiegelung begonnen. Waldwege sind die letzten Pfade, die erst heute für den Verkehr mit Fahrzeugen hergerichtet werden. Ihnen gingen die Wege in den Weinbergen voraus, die für die Wägen der Winzer eingeebnet, verbreitert und asphaltiert wurden. Solche Maßnahmen zum Nutzen der Landwirtschaft sind zweckdienlich, bedauerlich aber für den Wanderer. Der Spaziergänger, der sich in den Bergen um Stuttgart über die »Stäffele« von Terrasse zu Terrasse den Weinberg hinan arbeitete, der auch einmal ein paar blühende Unkräuter pflückte, die um die Reben standen, durchquert nun auf einer Art Weinbergautobahn im Marschschritt die Hänge – vom entspannten Müßiggänger hat ihn der Asphalt zum gesundheitsbewussten Spaziersportler gemacht.

Eine neue Opposition entsteht neuerdings zwischen dem Fußgänger und dem Radfahrer. Die Liebe zur Natur versiegt in der Angst vor dem Tod. Dem Körper, der ewig leben will, reicht ein Spaziergang nicht, dem Gemüt garantiert der Anblick einer Landschaft, von der ich ein so schönes Gemälde mit nach Hause bringe, kein ewiges Wohlbefinden. Dem Körper wird vielmehr ein strenges Training abgefordert, und so rauscht der lebensdurstige Radfahrer durch Felder und Wälder ohne Blick nach rechts und links. Wo ich früher den Widerstand der Materie, der Dinge, erfuhr, wo ich es schätzte, weich aufzutreten, auszurutschen, zu stolpern, an kleinen Ästen hängen zu bleiben, nasse Schuhe und Hosenbeine zu bekommen, wo ich stehen blieb, um einen knorrigen Baum zu bestaunen, lässt mich nun ein schrilles Klingeln zusammenzucken, dem meist ein fröhlicher Gruß folgt, manchmal aber auch der knurrige Vorwurf, dass ich, der Bummelant, den Weg versperre. So oder so: Ich stampfe wütend auf mit dem Fuß, wirklich oder innerlich, und malträtiere damit meine Gelenkknorpel und mein Herz.

Die graue Linie des Asphaltwegs durch Feld und Wald, die dem Radfahrer einen Geschwindigkeitsrausch beschert, teilt nun die Landschaft scharf in links und rechts vom Weg, in zwei Gegenden also, die nicht zueinander gehören. Ich gehe nicht mehr mitten durch die Landschaft hindurch; ich habe einen Acker auf der einen, einen auf der anderen Seite liegen. Früher ging ich nicht *auf* einem Weg, ich ging *durch* Feld, Wald, Wiese, Busch, lief mit dem Leib auf der Erde, mit der Seele unter Bäumen, die auf dieser Erde wuchsen; die Pflanzen streiften die Beine, die Erde roch, manchmal kam ich vom Weg ab in die Wiese hinein, ohne es zu bemerken. Ich gehörte zu ihr, fand es richtig, wenn ich stolperte, fing mich schnell und trudelte weiter. Mit der schnellen Fahrt auf dem Fahrrad scheint dies Vergnügen auszusterben. Selten begegne ich noch Menschen zu Fuß, es sei denn mit einem Hund. Der ist fröhlich, lässt sich streicheln und schaut mir tief in die Augen.

Den neuen, betonierten Straßen ist als Antwort auf ihr Angebot zu erleichterter Welteroberung nur Hartgummi gewachsen, das Material der Autoräder und Fahrradreifen. Der Fußgänger hingegen, dessen Gelenke für nachgiebige Böden geschaffen sind, braucht, um die Gelenkknorpel auf dem harten Untergrund für dieses so unverhofft lange Leben zu schonen, eine neue Art von Schuh. Die Elastizität, die der Fuß bislang auf weicher Erde spürte, muss nun *in* den Schuh hinein verlegt werden. Der frühere Wanderschuh, mit dem ich über Almwiesen und Geröll sprang, war selbst ein harter Brocken gewesen. Sein Schutz war nötig im steilen und steinigen Gelände, auf Wegen über Stock und Stein, die so hart manchmal, wenngleich nicht so gestaltlos sein konnten wie Asphalt. Inzwischen gibt es Schuhe, mit denen der Jogger über jeden Boden, auch den härtesten, hinweg durch die Stadt und ebenso durch den Wald federt wie auf einem Trampolin. Nun läuft es sich auf dem Asphalt wie auf Wiesen, denn die Wiese ist in den Schuh hinein verlegt.

Der Städter ist durch den neuen, zu den städtischen Straßenbelägen passenden Schuh vom Flaneur zum Freizeitsportler geworden. Die Flaneurin hat es kaum je gegeben, denn für sie gab es den richtigen Schuh ohnehin nie. Dennoch war ich Flaneurin und bin es noch, die letzte Märtyrerin dieser Spezies. Mit den höchsten und dünnsten Pfennigabsätzen, die für prunkvolle Säle und leuchtende Feste gerade noch geeignet gewesen wären, wanderte ich Vormittage lang durch die Stadt, sprang auf den Zug, um in noch elegantere Städte zu kommen, fuhr von Erlangen nach Nürnberg, von Marburg nach Frankfurt, von Stuttgart nach München und stakste dort durch die elegante Welt. Ich war so klein und hätte mich zwischen all den Damen verloren, hätte ich mich nicht zur Tortur »Stöckelschuh« verurteilt. Kein Mann dachte je daran, mit welcher Anstrengung ich in diesen Schuhen, möglichst hoch, möglichst spitz, möglichst schmal, den Glauben an mein Glück wahren musste.

Viel besser ist es anderen Frauen auch nicht gegangen. Deshalb wechselten sie, zumal wenn sie der Beruf zu einem langen Aufenthalt auf dem städtischen Boden verpflichtete, zu bequemem Schuhzeug. Zum ersten Mal in den achtziger Jahren sah ich in San Francisco am Morgen schöne, junge Frauen, die auf Straßen mitten in der Stadt – ein erschrecktes Verwundern ergriff mich, die Dame – in Turnschuhen steckten. Damals waren es noch einfache, nicht gepolsterte Sportschuhe, die sie trugen. Die Frauen selbst jedoch waren elegant gekleidet, perfekt frisiert, gut geschminkt und eilten dem Büro zu. Offensichtlich hatten sie in ihren Taschen, die schon damals merkwürdig groß waren und Platz hatten für den »*survival kit*«, auch die eleganten Schuhe, die zu ihrem Stand und Aufzug passten. Am Arbeitsplatz angekommen, würden sie in diese schlüpfen, um so, nun doch Dame, dem Geschäftspartner ihres Chefs die Türe zu öffnen und ihn hereinzubitten.

Hier wurde mir klar, dass der Weg zur Stadt und durch sie hindurch, der immer länger, immer härter wurde, in Damenschuhen nicht zu bewältigen war. Die Dame war in der bürgerlichen Gesellschaft bis dahin immer noch das, was der Herr schon seit langem nicht mehr war: bunt, tailliert, geschminkt, langhaarig, auf hohen Schuhen teils beschwingt, teils hilfsbedürftig, jedenfalls ziellos dahinschaukelnd. Zielstrebigkeit aber war die neue Eigenschaft der emanzipierten Frau, und dazu brauchte sie ein anderes Schuhzeug als zuvor.

In meiner Familie galt der Grundsatz: »Der Schuh macht den Herrn«; von Damen musste erst gar nicht geredet werden, denn dass sie sich »anständig« kleideten – was noch 1955 hieß: mit Hut und feinen Schuhen –, war eine Selbstverständlichkeit. In San Francisco und nicht nur dort erforderten nun die Straßen, die Verkehrsmittel, die Uhr, die zur Eile mahnte, weil ein Chef wartete, weil ein Termin fällig war, dass man den Anstand hintanstelle. Die Frauen verwandelten sich auf der Laufbahn des Berufs zu Sportlerinnen, denen ein Hut in der Metro und der hohe Schuh auf dem harten Asphalt, der auf dem Weg in die Emanzipation beschritten werden musste, nur lästig sein konnte.

Die Männer, denen Sportschuhe besser stehen, wollten in der ersten Phase des *dress down* nun aber auch ihren Protest gegen die Tradition vorführen und schlurften in Sandalen über den Asphalt. Die Studentenbewegung, in der noch immer die Männer vor allem zählten, war auch ein Schuhtausch. Die »Jesuslatschen«, auf denen die Revoluzzer zu ihren »Genossinnen« gingen, waren romantisch, aber praktisch auch, schnell konnte man hineinschlupfen, sie unter dem Tisch fallen lassen, leger also sein, wie es sich für den Nicht-mehr-Bürger eben gehörte.

Die Sportschuhe, die heute alle tragen, machen alle gleich, Mode aber war und ist immer aristokratisch, nicht ein Herrschaftsgestus zwar, aber eine Auszeichnung, die jeder Einzelne sich selbst beschert. Die Mode hatte, damit sie wirke, einen kalten Blick, einen stolzen Gang erfordert, Anstrengungen also, mit denen man sich vor den Anderen auszeichnet. Deshalb lernte ich schon in der Kindheit: Schönheit muss leiden. Heute sorgt für dieses Leiden der Untergrund, und wer dem Leiden entgehen will, trägt gepolsterte Schuhe und gibt allen Stolz auf.

Der Schuh macht gleichwohl noch immer den Mann, denn die sozialen Unterschiede treten gerade heute auf dem Asphalt um so deutlicher in Erscheinung. Das Schuhzeug zerlegt die Gesellschaft in Arbeitende und Bummelnde, in Manager und Shopper. Die Menschen, die in ihrer Mittagspause aus dem Büro kommen, um ebenso unprätentiös wie alle anderen einen Imbiss über die Straße zu tragen oder einen Kaffee stehend zu nehmen, haben feine Schuhe an und Damen in Pumps an ihrer Seite. Die Shopper hingegen, die sich in die Geschäfte locken lassen und zwischen den Waren umherirren, tragen weiche Schuhe, mit denen sie es in der verführerischen Welt der Waren lange aushalten, zu denen sie vor allem leicht vom Heim herein- und von da wieder zurück ins Heim kommen. Aus dem Laufstil meiner Jugend: »Hart tritt auf weich«, ist heute im Straßenleben »Weich tritt auf hart« geworden.

Italien

In den fünfziger Jahren befiel die ausgebombten Deutschen, die in ihren Wohnungen endlich nicht mehr auf Kisten, sondern schon wieder auf Stühlen saßen und auch ein wenig Geld angespart hatten, die Reiselust. Die Alpen waren die erste deutsche Sehnsuchtslandschaft, bald kam Italien hinzu, das aber zunächst von vielen Deutschen voller Misstrauen und nur im künstlichen Reservat der Strände betreten wurde. Meine Brüder etwa hätten sich dorthin nie gewagt. Auch sie hatten es eilig, aus dem Haus hinauszukommen, doch ihnen fielen immer nur die Alpen ein.

Wer jedoch über das Verhältnis Deutschlands zu Italien nachdenkt, hat zwischen zwei Epochen und zwei sozialen Klassen zu unterscheiden, die sich sehr verschiedene Bilder vom südlichen Nachbarn machten. Das Italien der Gebildeten unterschied sich immer von dem des »Volkes«. Die Sehnsucht der Gebildeten nach dem Süden, nach Antike, Kunst, Kultur ist dauerhaft und belebt sich immer wieder aufs Neue. Eine volkstümliche Angst vor dem südlichen Land jedoch lebte vor allem und vielleicht nicht zum letzten Mal wieder auf in der Nachkriegszeit. Die Generation nach dem Krieg wuchs mit einem wenig anziehenden Bild von diesem Land und seinen Bewohnern auf. Italien galt als das Land der Spitzbuben, Tagediebe, Weiberhelden, Schmutzfinken. Venedig vor allem diente dem Deutschland, das gerade damit beschäftigt war, den Schutt, den Schmutz und also den Krieg aus den Straßen zu räumen, als Inbegriff der Unsauberkeit: Venedigs Kanäle waren nicht Meeresarme, sondern offen liegende Abwässer-Systeme, in denen, aus den Fenstern geworfen, der gesamte Müll der Stadt schwamm; saubere Tische, Teller, Tassen gab es angeblich in diesem Land nicht.

Aus Vorsicht und zur Ertüchtigung beschränkten sich daher meine Brüder auf die Alpen. Garmisch-Partenkirchen erschien ihnen als der ehrwürdige Ort schlechthin, der Königssee war eine Cella, die nur Geweihte betraten, der Aufstieg auf die Zugspitze eine Himmelfahrt. Ich durfte an einer solchen schon mit zwölf Jahren teilnehmen, und vor diesem großen Ereignis wurde mir eingeschärft, wie diese Reise mich auszeichne. Der Keuchhusten hatte mich dem Tode nahegebracht, und die Lunge sollte sich in der Höhenluft erholen. Ein Onkel nahm mich mit nach Garmisch, wir fuhren auf die Zugspitze, ich stand im strahlenden Weiß, gerettet. Die Farbe Weiß, der Kontrast zum Staub der Ruinen, aus denen ich kam, war zu blendend, als dass ich je sie hätte vergessen können, und auch die zackigen Felsen nicht, die den Ruinen ähnelten und doch von keinem menschlichen Unglück betroffen waren.

Für meine Brüder waren die Alpen ein Sportplatz, vor allem im Winter. Von ihren Skiausflügen brachten sie Uller mit, kleine, runde Taler mit den Signets der Orte, wo sie gewesen und die Hänge herabgeschossen waren, sie zeigten einander die Souvenirs stolz und verglichen sie nach Schönheit und Heiligkeit. Sie hingen sie sich an den Gürtel, an die Aktentasche, ans Portemonnaie und hatten wohl schon völlig vergessen, dass sie damit eine Praktik des Nationalsozialismus fortführten? Möglicherweise erinnerte sich gerade noch der Älteste daran, dass der faschistische Staat Uller als tragbare Erinnerungszeichen für Leistungen in der Schlacht verteilt hatte.

Die Brüder saßen nun auch zusammen und führten verächtliche Reden über die Italiener, und sie waren damit nicht allein. Seltsam in der Tat und fast unglaublich diese verächtliche Nachkriegsstimmung bei einem Volk aus lauter Goetheanern. Der Dichter hatte ihnen doch die erlösende Wirkung der Italienreise vorgelebt. Es legt sich die psychologische Entschuldigung nahe, dass es zu viel gewesen wäre, hätte man von einem Menschen, der über Schutthaufen stieg, erwartet, dass er von Palästen, prachtvollen Kirchen und Museumsschätzen träume, wie sie ihn in Italien erwarteten. Italien, so lernten wir es in der Schule, war durch Naturgewalten, einem Vesuv zum Beispiel, beschädigt worden, auch hatte die Geschichte aus den Gebäuden malerische Ruinen gemacht, Deutschland hingegen hatte ein Bombenangriff zerstört, kein Stein war auf dem anderen geblieben – Verfall also stand gegen Zerstörung, romantische Ruine gegen Trümmer,

Ausgrabung gegen Wiederaufbau – verwundert es da, dass die Nachbarn dem einstmaligen Traumland diese Bevorzugung neideten?

Und doch waren es gerade Italiener, die halfen, das trostlose Bild des zerstörten Deutschland zu beseitigen. Die man »Faulpelze« und »Tagediebe« schalt, wurden in den fünfziger Jahren als Gastarbeiter angeheuert, um Deutschland wieder aufzubauen. Sie kamen und heiterten ihre traurigen deutschen Arbeitskollegen auf, mit denen sie auf den Baugerüsten zusammentrafen. Auch ich, ein Mädchen von fünfzehn Jahren, konnte nun erleben, dass es im Verhältnis der Männer zu den Frauen einen anderen Ton gab als den höflicher Verklemmtheit oder verklemmter Aufdringlichkeit, wie er in Deutschland vorherrschte. Von den Baugerüsten tönte der Unterschied deutsch – italienisch gut hörbar herab. Es war damals üblich, dass Bauarbeiter den vorbeigehenden Frauen hinterherpfiffen mit einem grellen Ton, der weh tat. Nun aber erklang von dort oben ein melodischer Gesang, das Lied von einer »bella donna«, eine kleine Sehnsucht, ein liebevolles Kompliment. Aller bösen Rede zum Trotz empfand ich das angeheuerte Italien als angenehm, als fernen Klang aus einer anderen Welt. Bald sang ich selbst »O mia bella Napoli«; alle hörten sich die italienischen Sänger an, von Caruso bis zu Celentano. Eine Fremdsprache war lange im nationalsozialistischen Deutschland nicht mehr gehört worden, nun begann die Öffnung des Landes bei den Ohren. Der Wohlklang der italienischen Sprache verführte die Deutschen schnell zur Revision ihrer schlechten Meinung. Die Melodie der Sprache blieb die größte Attraktion des Landes, denn nicht nur, wenn die Gondolieri singen, auch wenn die Baristas scherzen und die Marktweiber schwatzen, schaukelt der Besucher aus dem Land mit den harten Akzenten auf einem Kräuseln schöner Töne.

Der Wiederaufbau also, zu gleicher Zeit aber auch der Film, haben das Schreckbild, das sich Deutschland nach dem Krieg von Italien erfunden hatte, ausgelöscht. Der Film machte Deutschland mit dem schönen Mann bekannt, der nicht in einer Uniform steckt. Italien war das Land des männlichen Charmes. Die schönen Frauen hingegen, die in denselben Filmen auftraten, hatten es schwer, die deutschen Männer für sich zu gewinnen. Die im NS-Staat erzogenen und nun heimgekehrten Soldaten wollten von der Schönheit einer schwarzhaarigen Frau nichts wissen. Ich erlebte dies an meinem ältesten Bruder, dem sein Leben lang die Italienerinnen als hässlich erschienen. Beruflich avanciert, heiratete er »reich« und machte, so gehörte es sich für gut verdienende Angestellte, seine Hochzeitsreise nach Sorrent. Er reiste mit seiner blonden Braut, die, wie er stolz erzählte, von den liederreichen Italienern stets besungen wurde, kam aber doch wieder mit dem Seufzer zurück: »Ein herrliches Land! Doch leider: die Frauen, schwarze Haare!«

Die jüngeren, *nach* dem Krieg groß gewordenen Männer hingegen und mit ihnen die jungen Frauen erlagen schließlich doch dem Charme auch der Italiener*in*. Der Selbstentwurf der Mädchen wählte sich nun, zumindest seit der Studentenbewegung, ein anderes Vorbild als die blonde Madonna. Auch ich entdeckte Italien als das Land der schönen, mondänen, eleganten Frau. Der kleine Trotz der Sisi, wie ihn der Film vorgestellt hatte, war nie mein Ideal gewesen, wohl aber der majestätische Stolz der Kaiserin Elisabeth, wie sie Winterhalter so oft gemalt hat. Die tragische Biographie dieser Unglücklichen lernte ich fast auswendig. Doch nun kam Sophia Loren, eine Frau der Gegenwart und Wirklichkeit, der Stolz in Bewegung, der schöne Körper ein erotisches Fest. Nie mehr bin ich ihr untreu geworden – und auch Italien nicht; es blieb eine Heimat, in der die Schönheit, die körperliche der Frau und die der Bauten, nicht zerstört worden war. Mit zwanzig Jahren färbte ich meine Haare schwarz und blieb dieser italienischen Farbe treu bis heute. Eine Verwechslung mit wirklicher *italianità* verhindern meine blaugrünen Augen.

Italien und der italienische Film hatten unversehens Deutschland in zwei Parteien gespalten: in die blonde Mutter und die schwarze Tochter, gefärbt beide und sich also ihrer Entscheidung für den keuschen Norden oder den sinnlichen Süden wohl bewusst. Ich erinnerte mich des Dichters, der die Deutschen zu Italienfahrern gemacht hatte; er legitimierte sogar die schwarze Haarfarbe, denn wer je hätte sich Mignon oder Faustina, Iphigenie, die beiden Leonoren oder Suleika blond gedacht?

Unterdessen hatten auch die Gastarbeiter für das Ansehen ihres Heimatlandes gearbeitet und geworben: Sie sangen nicht nur, sie eröffneten auch Pizzerien. Die erste Pizzeria Deutschlands entstand 1952 in Würzburg, und sie existiert, Symbol für die dauerhafte Liebe beider Länder zueinander, bis heute.

Das Deutschland, das nun wieder nach Italien aufbrach, italianisierte, nach Hause zurückgekehrt, den eigenen Lebensstil. Vom englischen Tee wechselte man zum italienischen Kaffee. Da die Deutschen seit den siebziger Jahren, als sie begannen, Italien zu überschwemmen, großen Wert auf gesunde Ernährung legen, kamen auch die Omega-3-Fettsäuren des Olivenöls samt dem darin geschmorten Gemüse zu Ehren. Das gastronomische Leitbild Frankreich verblasste, man vergaß die schmackhaften Soßen und den »Pot-au-feu« und beschied sich mit Spaghetti aglio e olio.

Aber nicht nur das Essen, der gesamte Lebensstil der Deutschen italianisierte sich. Nicht mehr Paris, Mailand beherrschte Mode und Möbeldesign, nicht mehr Dior, dessen Tulpenröcke meine Mutter auch für mich, die Abiturientin, nachgeschneidert hatte, sondern Versace, Armani, Fendi gewannen die Frauen mit ihrem erotischen Stil. Die Rebellen der sechziger Jahre entdeckten noch dazu *das* Modegenie schlechthin: Elsa Schiaparelli (deren Tollkühnheiten allerdings erst über England, die Sex Pistols, Malcolm McLaren und Vivienne Westwood die Phantasie der modischen Jugend Deutschlands und der Welt beflügelten). Nachdem 1968 aus Angst vor kommunistischen Umtrieben die Hochschule für Gestaltung in Ulm geschlossen worden war, verlagerte sich auch die Produktion eines vom Bauhaus inspirierten Designs nach Mailand. Meine Verehrung für diesen Stil richtete also meinen Blick auch bei der Wohnungseinrichtung auf »Milano Design«, und noch heute sind die Zimmer beleuchtet durch Lampen, die aus dieser Stadt kommen.

Ich könnte nun auch behaupten, dass ich das Bauhausdesign zum ersten Mal nicht in Deutschland, sondern in Italien erlebt habe, fast möchte ich sagen: Es ist dort geboren – wohin sonst sollte es gehören als hierher. Der Süden hat ein strengeres Verhältnis zum Kubus und Baukörper und zur Geometrie der Gegenstände als alle mitteleuropäischen Länder. In Frankreich, Deutschland, Österreich wird, in der Gotik, im Barock, der Baukörper stets vom Ornament, vom Schmuck überspielt. An der Verzierung seiner geometrischen Grundrisse und Bauobjekte arbeitet Deutschland immer und heute vor allem, wenn es um den Touristen geht. Diese schlafen am liebsten in Betten mit pseudobarocken Schnitzereien und speisen auf Terrassen vor bemalten Hauswänden. Wer nach Deutschland, ins Gründungsland des Bauhauses, reist, erfährt einen massiven Widerstand gegen Adolf Loos' Traktat: »Ornament und Verbrechen«. Vom faden Wiederaufbau erholten sich die Deutschen in Bayern, und das ist farbig, blumig, schnörkelig, natürlich durch ungehobeltes Holz. Italien hingegen war und blieb Stein, Kubus, klare Form. Das italienische Restaurant könnte man als die Inkarnation der Bauhaus-Idee verstehen, als alltägliche Vorführung seiner rationalen Strenge: das Tischtuch weiß, nicht kariert, Essig- und Ölflaschen statt Blumenväschen, Servietten weiß statt geblümt, nichts Überflüssiges auf dem Tisch als das nötigste Besteck – also: »*form follows function*«.

In den sechziger Jahren also eroberte sich Italien die Herzen der Deutschen zurück. Italiener waren hereingeholt worden – nun wollten die Deutschen sehen, wie es bei ihnen aussah. Die Reizwörter, die die breite Masse nach Italien lockten, waren schlicht: Wetter und Meer. Deutschland war Wolke, Italien Sonne, Deutschland das enge Zimmer, Italien der Strand. Das erste Geld, das dic ersten berufstätigen Frauen, die ihre Männer im Krieg verloren hatten, verdienten, verschwendeten sie für eine Reise nach Rimini oder Cattolica.

Die Wallfahrt zum Monument, die heute massenhaft betrieben wird, begann erst in den siebziger Jahren und hatte ihren Vorläufer in den tröpfchenweisen Besuchen der Intellektuellen im Land der antiken Ruinen, romanischen Kirchen, Renaissancepaläste und schönen Stadtplätze. Auch ich, Vorläufer des Massentourismus, brach also nach Italien auf, und auch diesmal hatte ich, wie einst auf dem Theater, ein Bücherwissen in der Wirklichkeit zu überprüfen. Meinen Wunsch, Kunstgeschichte zu studieren, hatte meine erschrockene Mutter, wie bereits erwähnt, sogleich in den Wind geschlagen. Doch wann immer möglich, kaufte ich mir schon während der Schulzeit Bildbände und kunsthistorische Bücher, etwa Richard Hamanns zweibändige Geschichte der Kunst, und versuchte so oft wie möglich ins Museum zu gehen. In Würzburg war da nicht viel zu finden. Andere Museen lernte ich in den Ferien bei meinen Brüdern kennen. Die Schwägerinnen packten mir Butterbrote ein, denn in den Museen war »Cafeteria« ein Fremdwort, und so machte ich eine Pause im Schauen und aß meine Brote auf der Straße. Es konnte geschehen, dass ich die Kunstmuseen nicht fand, denn für die Schwägerinnen war Museum gleich Museum, und so schickte mich meine Schwägerin in München ins Deutsche Museum, als ich eigentlich in die Pinakothek wollte. Einmal angelangt, blieb ich doch den ganzen Tag; ich bin zwar nicht zum Techniker geworden, habe aber ein Leben lang das eindrucksvolle Bild eines riesengroßen Reißverschlusses vor Augen, der dort den Besucher am Eingang der Ausstellung empfing. Damals habe ich nicht geahnt, dass mit der Emanzipation das Jahrhundert des

Reißverschlusses beginnen sollte. Heute ist es soweit! Fast alle Kleidung verwendet diese schlaue Erfindung als Verschluss, denn die berufstätige, also emanzipierte Frau hat keine Zeit, Knöpfe für eine ganze Familie anzunähen.

Nun war ich aber zehn Jahre älter geworden, hatte die heimatlichen Museen durchgesehen, war Rembrandt in unverbrüchlicher Verehrung verbunden und wollte mein Revier erweitern. Wir, die Studienrätin und der Assistent, die »Doppelverdiener«, die nicht Auto fahren konnten, kauften einem Freund, der es konnte und gerne tat, einen *Deux Chevaux*, die »Ente« ab, das Traumauto der nonkonformistischen Jugend und der konsumkritischen Studenten. Mit diesem wackeligen Fahrzeug schaukelten wir ins sonnige Italien, klappten die kleinen Fenster hoch und genossen den warmen Luftzug, der in der Heimat so selbst im August nicht wäre zu haben gewesen.

Die tagelange Fahrt war ein Erlebnis, denn es ging noch so langsam voran, dass alle Landschaft ins Gemüt sich einzuprägen Zeit hatte, die Felsen, Schluchten, reißenden Flüsschen, Burgen, Weinäcker in der Ebene, überraschend für mich, die Würzburgerin, die nur den Wein an Steilhängen kannte, das Licht auch, wie es am Ende der Tunnel ins Auge brach, die Serpentinen und Steilabfälle, die schwindelig machten. Und dann die vielen kleinen Katastrophen, die so lästig wie belustigend waren: der platte Reifen, das ging noch an, denn jedes Auto hatte damals einen Ersatzreifen; tragisch wurde es aber fast, wenn auf den holperigen, nicht geteerten Straßen ein Auto die langsame Ente überholte und sein Rad einen Stein in ihre Windschutzscheibe schleuderte. Diese zerbarst in abertausend Splitter, der Fahrer sah nichts mehr, und wie nun eine Tankstelle, eine Werkstatt finden? Nun tastete sich das Auto vorsichtig über Sand und Stein, durch die Seitenfenster schauend, mussten wir uns orientieren, um in weiter Ferne Hilfe zu erahnen. Wir kamen aber immer glücklich an in Florenz, öfter noch in Siena, dem Ort, wohin wir immer wiederkehrten und heimisch wurden.

Die wenigen Bildungsbürger, die das Reiseziel Italien damals ausprobierten, führte die Fahrt aus einer wiederaufgebauten in eine gewachsene Stadt, aus einem schnell hergestellten Notbehelf in jahrhundertealte Pracht. Trotz der abfälligen Einschätzung Italiens durch die Eltern lernten wir nun ein Land voller Geschichte kennen. Aus Büchern auferstand das Sehnsuchtsland Italien, das die frühesten Reisenden entworfen hatten, vor allem aber erlebten die neuen Gäste, was ein intaktes städtisches Leben sein kann, denn der Kunstführer, dem der junge Reisende folgte, führte ihn nicht nur in gebauten Stein und gemalte Bilder, sondern auch in gelebtes Leben.

Wir erfuhren in Italien eine ganz andere Welt als zu Hause. War nicht schon der Straßenbelag, auf dem wir gingen, etwas Anderes als der platte Asphalt der vom Schutt befreiten und neu angelegten städtischen Wege! Nun balancierten wir über holpriges Kopfsteinpflaster, rutschten fast aus auf kostbaren Marmorplatten, hockten auf dem farbigen Naturstein von Treppen und Brunnen. Und endlich die Architektur, die es, im strengen Wortsinn, daheim so nicht gab. Rechts und links vom Weg also: keine öden Häuserwände mehr mit den immer gleichen Fensterhöhlen, keine Mietblocks; Portale statt dessen, Säulen, bossierte Sockel, Pilaster, Gesimse, Friese, Arkaden. Die deutsche Stadt, vor allem die der Nachkriegszeit, ist fast ausschließlich eine getünchte Stadt, die noch dazu fortwährend renoviert wird. Naturstein ist selten, inzwischen dafür um so häufiger Zement. Die alte italienische Stadt hingegen – freilich, man reist immer ins historische Italien – war gebaut fast nur aus Stein, der verwittert, und wenn es dazwischen Verputz an alten Wohnhäusern und Amtsgebäuden gibt, dann ist auch dieser abgeblättert, abgeschabt, die Farbe verschossen – alles gesteht Vergänglichkeit ein.

Aber auch der Rhythmus der Stadtanlage war ein anderer als der der deutschen Stadt. Uns überraschte der schnelle Wechsel von Platz und Gasse, Weite und Winkel, Pracht und Bescheidenheit. Vor allem aber: Dies war eine Stadt zum Verweilen, zum Sitzen. Neu war dem Nordländer, der sich zu Hause gelegentlich in einer Art Festakt zum Besuch eines Cafés entschloss, die Bar, die sich mit spiegelnden Fenstern, mit einer metallischglänzenden Theke und einer funkelnden Cafémaschine zwischen die verfallenden Mauern hineinschob. Hier wurde zum ersten Mal klar – und auch die Besuche am Abend in den Restaurants bestätigten dies ein weiteres Mal –, dass die Behauptung der Eltern vom schmutzigen Italien nichts gewesen war als der Angsttraum einer Generation, für die es Reisen noch nicht gab.

Die Bars waren für den Bildungsreisenden eine Wohltat, denn, regelmäßig über die Stadt verteilt, gewährten sie uns, die wir uns sehr ernsthaft der Anstrengung der Kunstwerke unterwarfen, eine Gratifikation für diese Leistung, wann immer wir wollten. Die Bar belebte den Gang durch die steinerne Stadt, welcher für gewöhnlich Baum und Busch fehlten – dies der einzige Schmerz, der bei aller Schönheit den romantischen Nordländer gelegentlich anflog.

Die Inkarnation aber dieser beglückenden Welt aus Kunst und Leben war der Barista. Welch ein Ballett mit Tassen, Wassergläsern, Löffeln, welch ein Gesang, um die Wünsche des Gastes zu erfragen, ihn zu bedienen und seinen Eifer mit Witz zu garnieren. Der Schwung, mit dem ein Espresso von der Maschine weg und auf die Theke schwebt, ist eine ganz andere Geste als jene, mit der der befrackte Wiener Ober mit einem Braunen an den Tisch kommt, ihn höflich auf dem Tischchen zurechtrückt, um sich, wie ungesehen, wieder zu verziehen.

Die Baristas waren Sänger in einer melodiösen Sprache und Tänzer in einer eleganten Körpersprache. Die italienische Sprache will mehr als nur mitteilen, die Bewegung der Menschen in der Öffentlichkeit mehr als nur eine Absicht verfolgen. So konnte, wer angereist war, seine Bildung zu vervollständigen, lernen, was Bildung erst vollkommen macht: Muße und die Lust am Dasein in der Stadt. Die Straßen und Plätze waren mehr als Straße und Platz, sie waren Bühnen, auf denen die Menschen mit Armen, Händen, Leib nicht nur, sondern auch mit der Mimik eine Revue aufführten.

Neben Licht, Luft, Stein, Weite, Bewegtheit brachte Italien den ersten Nachkriegsgästen noch eine weitere Erfahrung: die Nacht. In den sechziger Jahren war die italienische Stadt kein Rummelplatz, wie heute alle touristisch eroberten Städte, die vor allem nachts gedrängt voll sind. In der Stadt, und vor allem in der deutschen, zeigte sich damals, bei Tag wie bei Nacht, nur, wer eine Absicht verfolgte und einen bestimmten Weg nahm, sie war also leer, fast trostlos. Wenigstens am Abend gab es in Italien aber eine Art Promenade, täglich, an der Männer teilnahmen – wie überhaupt mit dem Italien der sechziger Jahre ein männliches Land zu erfahren war. Was wir, die aus dem Norden kommenden Besucher, von einem Barista in Siena verlangten, schien immerhin auch ihm purer Übermut zu sein: Er sollte uns drei Stühle auf den leeren Campo stellen. Dort saßen wir draußen und der Barista staunte; gesundheitsbewusst ließ ich mir einen »camomilla« servieren, den er herbeischaffte mit der Bemerkung: »già l'odore è cattivo!« So bedient, bewunderten wir die Leere des vom Rande her und aus den Cafés beleuchteten Platzes, die Schlankheit des Campanile – der meine männlichen Begleiter zu sehr männlichen Witzen anregte – und sahen, was man in Deutschland damals nie hätte sehen können, mitten in der Stadt, sitzend vor allem, den nächtlichen Himmel! So ist Italien »la mia Italia« geworden und geblieben – bis heute: Stein, Palast, Skulptur, Melodie, Tanz, Himmel, Nacht.

In der Bibliothek

STUTTGART eröffnete 2020 den Neubau der Württembergischen Landesbibliothek. Ich hielt es für selbstverständlich, dass mir der Aufenthalt dort ein ebensolches Glück bereiten würde, wie ich es im Vorgängerbau und in den Lesesälen vieler anderer Bibliotheken erfahren hatte.

Der Apparat am Eingang, der meinen Bibliotheksausweis mit der Buchung las, wies mich auf Platz A1/46. Ich ging die bescheidene Treppe des Neubaus hinauf – und ich hätte diesmal nicht sagen können, was für manch andere Bibliothek gegolten hatte: »Ich schritt die Stufen hinan.« Hier gab es nichts von dem Pathos, das die Aufgänge in den Bibliotheken von einst auszeichnete, um die Würde der Beschäftigung mit dem Buch schon beim Eintritt fühlbar zu machen. Zu bescheiden, zu sachlich, zu geometrisch eng und zementgrau war dieser Aufgang, der in Hallen führte, die hier keine Hallen sind. Ich suchte meinen Platz – und ich stutzte: Ich war angewiesen, an einem schmalen Brett zu sitzen, das die gesamte Innenwand des Neubaus entlanglief. Ich saß vor einer Wand; einen Meter vor mir baute sie sich auf und zeigte nichts als ihre weiße Kahlheit. In der Mauer gab es immerhin ein Guckloch. Alle Plätze an der Wand hatten solch ein Bullauge, mit dem der Leser, falls er doch einmal vom Buch aufschauen sollte, einen kleinen Ausschnitt von Welt zu sehen bekam in ein unbekanntes Stiegenhaus hinein; man sah da ein Geländer, eine Lampe oder einen halben Türrahmen. Mein Bullauge jedoch war nichts als ein schwarzer Fleck, Aussicht in einen Schacht, in ein dunkles Loch.

Ich hatte diesmal den ungünstigsten Platz zugewiesen bekommen in diesem Neubau, der auch schönere Arbeitsplätze hat. Dennoch veranlasste er mich zu fragen, warum der Ort nicht nur hier, sondern in allen Räumen der neuen Bibliothek so ganz andere Reaktionen hervorbringt als jene Prachtbauten, die ich in früheren Jahrzehnten aufgesucht hatte. Der Bau musste für eine andere Art des Lesens entworfen sein, auf die mich einzustellen ich nicht bereit war. Nicht nur der Bau ist neu, neu ist auch die Art, in der er genutzt sein will. Lesen musste einen Sinn bekommen haben, für dessen Haltung, Geste, Geist ich nicht gestimmt bin.

Bislang waren Bibliotheken für mich immer ein Trost gewesen, gerade an Orten, an die verwiesen zu sein ich wie eine Verdammnis empfand. Bibliotheken bewahren für mich die Erinnerung an einen Zustand, der mit einigem Glück überall gefunden werden konnte. Das Buch ist Begleiter auf allen Wegen, es geht mit, wann und wohin ich es befehle, in jeder Bibliothek wartet es, wenn ich rufe. Da musste ich doch herausfinden, warum diese Bibliothek, gerade diese in Stuttgart, mir kein seliger Ort mehr sein konnte, wie es bislang jede Bibliothek gewesen war.

Welch ein Dasein etwa in der alten Bibliothèque Nationale! Der Raum ein Globus. In diesem Volumen gab es keine Arbeit, Lesen war nicht Lesen, es war ein Erahnen von Buchstabe und Sinn im milden Licht der Baldachine. Stille und Wohlklang stiegen aus dem Rascheln von Blättern, von knarzenden Buchrücken auf, begleitet vom tiefen Durchatmen der Leser ringsum. Bilder, goldgerahmt, Bücherregale voll dunkler Buchrücken, altes Leder, samtig, umfassten den Raum; Mauern hatte er nicht.

Eine Tapetenwand also aus Büchern, zwischen der Männer – ja, ich erinnere mich nur an Männer – saßen aus aller Welt. Ich konnte ihre Rücken sehen, sie hatten sich korrekt gekleidet für den feierlichen Akt des Lesens. Manchem konnte ich ins Gesicht sehen und teilhaben an seiner Konzentration, an der Vorsicht, mit der er ein Buch wegschob, ein anderes heranzog, ich hörte das Stöhnen der Bindung, als er es aufschlug – und ich gehörte zu ihm, zu ihnen allen. An den Tischen saßen sie, unbewegt, und waren doch lebendiger als alle Menschen auf den Straßen draußen – warum? Eben weil die hier im Saal die Stille gewollt, weil sie sich bewusst darauf eingerichtet hatten und die Energie ihrer Konzentration spürbar wurde auch für den, der sie sah – und diesen Willen an und in sich selbst spürte. Der Leser in der Bibliothek ist Mitglied einer temporären Verwandtschaft.

Die Bibliothek ist kein Ort, sondern ein Zustand, in dem nicht nur der Geist, sondern auch der Körper fast schwerelos wird. Und das vor allem war die Seligkeit des Lesens in Bibliotheken gewesen, allein zu sein und doch zusammen mit allen, die ebenfalls allein sein wollten. Lesen in der Bibliothek geschieht im Chor, man ist stumm und hört die stummen Stimmen der anderen Leser und die Musik der Bücher um sich herum, man versinkt ins Buch und fühlt dennoch ein Außen.

Zwei Jahre, 1976 bis 1978, wohnte ich in Paris, unterrichtete an der Sorbonne, glücklich aber war ich nur in der Bibliothèque Nationale. Alle paar Tage wanderte ich dorthin, blieb den ganzen Tag, erfrischte mich in einem kleinen Café am Platz davor, dem Café des Lys. Dort trafen sich die Leser, sie kannten sich nicht und erkannten sich doch, sie waren nicht nur aus Paris, sie kamen aus vielen Gegenden der Welt, leicht identifizierbar vor allem die Japaner, alle gut gekleidet, leise, vorsichtig, mit ehrfurchtsvollen Gesten wichen sie einander aus, und sie wussten, sie brauchten sich doch. Denn das ist das Glück der Bibliothek, meines nicht nur, dass sich Menschen sehen, die einsam sind und doch gemeinsam, die etwas Seltsames tun und doch alle dasselbe. Einsamkeit ist hier ein Glück, das vereint.

Erst im Studium in den sechziger Jahren lernte ich dies Glück der gemeinsamen Einsamkeit des Lesens kennen. Zuvor war Lesen eine Flucht gewesen aus der lauten Familie der Sportler ins Asyl, in ein Eckchen der zu engen Wohnung. Im Studium erst, in der Bibliothek des Deutschen Seminars in München, lernte ich, Lesen mit einem Raum- und also einem Glücksgefühl zu verbinden. Hier erfuhr ich den Unterschied zwischen einsamem Lesen, das immer etwas von Rückzug, wenn nicht gar von Flucht hat, und chorischem Lesen, das ein Gespräch ohne Wort und Geste ist, das aber ein Volumen an Luft braucht, in dem es schwebt, und dass dies eben nur im Lesesaal einer Bibliothek gegeben ist.

Schnell war ich in den Räumen des Deutschen Seminars heimisch, die, mehrstöckig und von Büchern voll, gerade so aussahen, wie ich es von Spitzwegs Bild kannte: die Speisekammer des Bücherwurms. Wie dieser, so stieg nun auch ich die Treppen empor in die Galerie und holte mir Bücher herab. Die Tische waren stets voll besetzt. Am Morgen, ehe die Türe zum Seminar öffnete, es war wohl gegen neun Uhr, standen die Studenten in Schlange an und belegten dann schnell immer wieder den gleichen Platz, den »ihren«. Meist saß ich einer angenehmen Kommilitonin gegenüber, ich sprach nie ein Wort mit ihr, aber ich kannte jede Geste, jedes Haar und endlich gar ihre nackten Beine, als ich sie nämlich am Wochenende am Starnberger See wieder antraf, wohin samstags manche Studenten und so auch ich mit dem Fahrrad fuhren. Wir lagen, nicht weit voneinander entfernt, auf derselben Wiese. Sie war Teilnehmerin eines anderen Seminars, Distanz also war selbstverständlich in einer Zeit, da sich die Studenten noch siezten und es, um sich kennenzulernen, einer förmlichen Vorstellung bedurfte. Das Wiedererkennen, das die Miene aussprach, war genug, mehr war nicht Sitte.

Seither also wurde, sobald ich in einer Stadt alleine lebte, die Welt schön erst in der Bibliothek. Als ich eine Professur in Berlin vertrat, begriff ich, warum mir die zwei Jahre in Paris so qualvoll erschienen waren und auch die Bücher kaum hatten helfen können. In Paris gab es zwar Bücher, aber es gab keine Bäume; Berlin hingegen ist von Parkflecken und Alleen durchzogen. In Paris ging ich, die Metro nutzend, durch Röhren, stieg daraus hervor und hinauf zu Häusern, zu alten grauen Mauern, lief über grauen Asphalt in einem maritimen Klima mit grauem Himmel, kein Schnee, kein Weiß, immer nur Regen und Matsch, alles grau, grau, grau. Da brauchte es die Bemalung der Bibliothek, um wieder aufzuleben. In Berlin wohnte ich nahe dem Grunewald in einer von Bruno Taut erbauten Siedlung und betrachtete von meinem Zimmerfenster aus die Zeichnung, die der Architekt durch bizarre Kiefernäste auf die strenge weiße Wand der Häuser geworfen hatte. Von da aus spazierte ich zu den Seen hinter der Wohnung. Die Schritte konnte ich hier langsam setzen, in Paris hingegen ging es hastig von Station zu Station, und wenn auch die Ankunft in der Bibliothek noch so schön war, das Gräuliche zwischen diesem Ort und der Wohnung war zu ausgedehnt, als dass es so schnell hätte beiseitegeschoben werden können.

Der Tourist macht andere Erfahrungen mit einer Stadt als der, der – wenngleich nur gastweise – dort längere Zeit lebt. Die ausgedehnten Wege in Paris sind für den Touristen Teil des Eintrittsgeldes für seinen erhofften Kunstgenuss. Für den Bewohner, der solche Dimensionen täglich überwinden muss, sind sie eine Verschwendung von Lebenszeit. Die Anstrengung, ein Ziel zu erreichen – Universität, Freund, Konzert –, der Weg durchs Pariser Wintergrau hindurch, durch Schächte, über die sich lediglich »La vache qui rit«, die Kuh, die für Schmelzkäse wirbt, halb totlacht, wurde erst unter den neun Baldachinen der Bibliothèque Nationale belohnt, wo ich endlich ein Denker ohne Beine sein durfte, beschäftigt nur mit dem Kopf, der den hohen Saal in Gedanken und körperlos durchflog.

Auch in Berlin war, trotz Park, Baum, Museum und viel Theater, die Bibliothek das Hauptvergnügen, zu dem der Weg weit war. Hier, in Scharouns Staatsbibliothek, weilte ich nicht in einem hohen Kuppelsaal, hier stand ich nach jedem Gedankengang auf, machte ein paar Schritte durch den Raum, über Galerien und Treppen hinauf und hinab – und immer und von jedem Ort aus war der gesamte Studiersaal und waren alle Leser anwesend. Die Bibliothek, ein Theater, in dem besonders feine, vorsichtige Mienenspiele zu beobachten sind, macht dies Streunen durch ein Schiff, wie Scharouns Gebäude eines ist, macht den Weg von einem Deck zum anderen zum physiognomischen Welttheater. Die Zellen, in die dieser Frachtkahn der Bücher zerlegt ist und in denen jeweils ein, zwei Nutzer saßen, waren einsehbar und offen nach allen Seiten, so dass, treppauf, treppab, jeder jeden immer sah. Alle waren hier, wie nicht anders in Paris, Miteinanderleser, nicht Weltflüchtige.

Eines Tages, als ich vom Lesen genug hatte und mir für den Heimweg einen Bummel über den Kurfürstendamm vornahm, befand ich mich in seltsamer Gesellschaft. Halbblinde Menschen mit Plastiktüten, in denen ein paar spärliche Einkäufe baumelten, tappten unsicher durch die Straße, starrten, wie betäubt, in Schaufenster, alte Männer blieben gar vor Korsetten, Dessous und Miederwaren stehen und wandten sich verlegen wieder ab – ich erfuhr den Grund, es war der 9. November 1989: »Die Mauer ist offen!« Nichts von dem Jubel, wie ihn das Fernsehen dem Bundesbürger in jenen Tagen vorspielte, war zu sehen oder zu hören.

Die Öffnung der Mauer hatte gravierende Folgen für die Westberliner Bibliothek. Heute könnte es mir in ihr, überfüllt, wie sie ist, und vollgepfercht mit Tischen und Stühlen, ohne luftige Ecken, von denen aus man das Leseschiff überblicken könnte, nicht mehr gefallen. Lesen ist Luxus, ich gebe es zu, und Luxus Raumverschwendung.

Übrigens waren keineswegs alle Westberliner glücklich über das historische Ereignis des Mauerfalls. Gerade die Intellektuellen, Studenten und arrivierten Akademiker, Leser vor allem, die auf dieser politisch gehüteten Insel die Belle Époque entdeckt hatten und ihr Dasein genossen, indem sie in die einstigen Prunkwohnungen der Großbourgeoisie einzogen, entweder in Wohngemeinschaften oder mit einer Familie, für die sie unter dem Stuck Sofas aufstellten, die mit karierten Stoffen bezogen waren, all diese Vielleser wussten sehr wohl, was das Ende des Inseldaseins für sie zu bedeuten hatte.

Ich kehrte nach Stuttgart zurück, und auch da saß ich in einer Bibliothek, der Württembergischen Landesbibliothek aus den fünfziger Jahren, und war im hohen Kuppelsaal so glücklich wie in allen anderen Bibliotheken. Ich zählte die Baldachine über mir: Es waren neun, gerade so viele wie in der Bibliothèque Nationale, nicht so heiter bemalt allerdings, sondern aus Zement, den ich aber, so hoch oben, für eine leichte, graue Wolkendecke nehmen konnte. Die Proportionen des Raumes waren ähnlich wie die der Pariser Bibliothek – wie auch sollte es anders sein, da der Architekt Horst Linde seine frühen Jahre in Paris als Assistent von Auguste Perret zugebracht hatte, dem Baumeister des Théatre des Champs-Élysées.

Eine Bibliothek als Ort des Lesens und Studierens bedeutet etwas anderes als eine Bibliothek als Lebensraum oder gar als gesellschaftliches Ereignis. Der Raum ist die Kathedrale, die es braucht, um Lesen und Studieren als heiligen und lebensspendenden Akt fühlbar zu machen. Daraus aber entfaltet sich, kehrt man häufig wieder, nicht anders als beim Kirchenbesuch, ein geselliges Ereignis. Hat sich nämlich die Höhe der Kuppeln als angemessene Umfassung dessen eingeprägt, was man tut, so steigert es das Behagen, wenn der geistige Übermut in der Nähe dieses Ortes wieder ins Allzuirdische zurückkehren, also banal und gesellig werden darf.

Die Stuttgarter Landesbibliothek war dafür der ideale Ort. Am Rande der Innenstadt gelegen, diente sie als Treffpunkt der Bürger, die damals mehr Bücher lasen als kauften. Zwar veranstalteten schon manche Buchhandlungen Dichterlesungen. Lesungen in Literaturhäusern aber, diese staatlich subventionierten Werbeveranstaltungen für Verlage und Autoren, gab es noch nicht. In einer Bibliothek jedoch sitzen nur zurückhaltende Bücherkäufer. Studierendes Lesen macht sich der Bildungsbürger zur Pflicht, der sich aus dem Magazin stoßweise Bücher auf sein Lesepult bestellt, und so war die Landesbibliothek eben der Sammelpunkt dieser bürgerlichen Bildungsschicht. Stuttgart konnte nie als intellektuelle Stadt gelten, die Geste der spöttischen, verantwortungslosen Kritik vermisste ich immer, aber es war eine gebildete Stadt, in der Gespräche über Literatur, Kunst, Theater und Ballett zur Geselligkeit gehörten, und diese hatte auch und vor allem ihren Ort in der Bibliothek.

Das Publikum im Lesesaal war gemischt, was Geschlecht, Alter, Beruf und Stand betraf. Auch die Professoren der Universität gehörten dazu. Ihr allmähliches Verschwinden leitete ein neues Kapitel der Bibliotheksgeschichte ein. Von einem Treffpunkt arrivierter Akademiker wurde sie zum Trainingsraum für Examenskandidaten. Dieser Wandel offenbarte sich in der Art, wie die Tische genutzt wurden und bis heute genutzt werden. Zunächst lagen Stöße von ausgeliehenen Folianten darauf, am stolzesten fühlte sich der, der hinter seinem Stapel kaum mehr zu sehen war. Als die Professoren ihren Stolz modernisieren konnten, weil die Institute mit immer mehr Hilfskräften ausgestattet wurden, genossen sie ihre Überlegenheit, indem sie sich von diesen Untertanen das Ausgeliehene ins Institut oder ins Haus bringen ließen. In der Bibliothek traf man sie nicht mehr, kein heiteres Gespräch über Diogenes oder Nestroy war mehr möglich. Die frei gewordenen Plätze besetzten nun ihre Studenten. Diese liehen nur selten Bücher aus; heute sind sie gar mit einem Stecker unter dem Tisch zufrieden, an dem sie den allwissenden Laptop anschließen. Ein Leser alten Stils wie ich kann sich nicht erklären, warum überhaupt diese jungen Leute mit ihrem Gerät an diesen Ort kommen. Mit dem Bibliotheksbestand sind sie selten beschäftigt, auf dem Tisch der Studenten der Rechtswissenschaften und der Rechtsreferendare liegt obligatorisch das BGB; Büchern, die man ansehen, anfassen, riechen kann, gehört ihre Liebe sicherlich nicht, so wenig wie sie dem schönen hohen Raum gegolten hat, den es im alten Gebäude der Stuttgarter Bibliothek noch gab. Auch miteinander beschäftigen sie sich kaum. Einsam starren sie auf den Bildschirm – warum also gerade hier?

Auch in der neuen Bibliothek gebrauchen sie selten Bücher, nehmen nicht einmal die Ausblicke wahr über Hügel und Park, die dieses Gebäude tatsächlich auch hat und die sie Glückskindern bereitstellt, nur leider nicht mir, die ich auf Platz A 1/46 verwiesen worden war.

Aber trotz dieser weiten Ausblicke macht der Blick hinein in die Bibliothek mich, den Leser, dem Lesen ein Träumen in Räumen ist, unglücklich. Die Plätze werden nach Fächern vergeben; wenn man das Stockwerk »Kulturwissenschaft, Germanistik« gewählt hat, sitzen Mädchen, jedes für sich, in einer Fensternische wie in einer Kammer, ich sehe sie nicht mehr, und auch sie haben keinen Blick für die Welt, da ihr Auge, vom blauen Licht geblendet, gestorben ist für den Fernblick über die Stadt. Heute ist der angenehme Anblick weiblicher Jugendlichkeit, die liest, dem Mitlesenden entzogen. Dabei war die Verjüngung der Leser in der früheren Landesbibliothek mit einer Verschönerung einhergegangen. Die Ästhetik der Bibliothek hatte sich gewandelt von Alter und Würde zu Jugendlichkeit und Frische.

So ist denn auch die Bibliothek in Stuttgart den Erwartungen einer neuen Leserschaft entsprechend geplant, gebaut und eingerichtet. Sie stellt einen

Arbeitsplatz zur Verfügung für Studenten, die sich zeitgerecht auf eine Prüfung vorbereiten. Ein Ort für den, der mit Büchern lebt, sind diese Stockwerke in mäßiger Höhe nicht. Die Etagen sind in viele konturlose Raumflecken zerschnitten, sie gleichen Abstellplätzen, in denen wie zufällig Tische und Stühle herumstehen. Außer in den Fensternischen mit dem Blick über die Stadt ist jeder Platz der Winkel in einer Werkstatt, von dem aus man einen unruhigen Blick hat auf diesen oder jenen Treppenabsatz, auf viel Beton und in Schächte hinein, die durch alle Stockwerke sich dehnen, ohne dass sie diese je zur Halle vereinigten und schon gar nicht zu einem Raum, der Lesen zur Feier macht.

Lesen von Buchseiten braucht, anders als die Bilderpracht und Leuchtkraft des Bildschirms, der nun in diesen Räumen genutzt wird, eine besondere Art von Arbeit. Der Bildschirm gibt dem Auge viel zu tun, die Buchseite hingegen ist optisch unbefriedigend; der Leser muss in sich hinein und um sich herum schauen und Bilder suchen, die ihn anspornen oder ihm helfen, die zum Gelesenen passende Anschauung aus sich selbst zu erschaffen, und schließlich will er gar von dieser Mühe ausruhen und im Bücherparadies lustwandeln.

Und doch gibt es für sie in Stuttgart eine der schönsten Bibliotheken, die ich kenne (vielleicht die schönste überhaupt), einen Bau, viel fotografiert zwar, doch von den Bürgern zu wenig genutzt und noch weniger gerühmt: die vom koreanischen

Architekten Eun Young Yi 2011 erbaute Stadtbibliothek am Mailänder Platz. Zwischen ausdruckslosen Geschäftsgebäuden steht der Kubus, der trotz seiner harten Geometrie schon außen wie ein weißer Edelstein leuchtet und der im Innern einen über viele Stockwerke sich weitenden Trichter in zartem Blaugrau für die Freihandbibliothek bereitstellt. Hinter diesem hohen Raum befinden sich kleine Studierkapellen, von denen aus der Leser aber stets den Kontakt zum Heiligtum behält. Die Anwesenden folgen dem Gebot der Stille, die die feierliche Höhe gebietet, und so hat die Bibliothek nur den einen Fehler: Ich bin zu selten dort. Meine Interessen verweisen mich nun einmal in die verschachtelte Enge der Landesbibliothek. Nur selten erlaube ich mir den Gang zum Mailänder Platz, um die Gegenwartsliteratur zu erkunden. Ihre Autoren hätten allen Grund, sich beim Architekten zu bedanken, denn durch die Feierlichkeit und Einzigartigkeit dieses Innenraums gewinnen die Werke, die man hier liest. Das Buch erlangt in einer Bibliothek, und in dieser zumal, eine Ausstrahlung, die es nicht auf jedem Sitz hat.

Nachdenken

Und nun ich? Ich bin kein Augustinus, kein Goethe, kein Bismarck, kein Dalí, ich bin kein großer Sünder, Dichter, Staatsmann, Maler.

Wer sollte von mir, über mich etwas wissen wollen, außer ich von mir selbst? Und doch, ich tue hier nur, was jeder tut, und zwar alltäglich, wenn er zum Beispiel seinen Freund trifft und ihm erzählt von sich. Diese Mitteilung findet bei einer jeden Kommunikation statt, und sie zu pflegen, gebietet geradezu die Menschenliebe. Jedes Gespräch mit einem Freund ist eine Autobiographie *en miniature*.

Wer aber diese Chance dann doch zu sehr nutzt, und wer täte das nicht, der ein Buch über sich verfasst, macht sich des Hochmuts schuldig, *superbia*, und wäre also doch ein Sünder und verdammenswert. Das stumme Selbstgespräch auf dem Papier aber ist, wie die lustigste Unterhaltung, doch auch ein Vorschlag zu einem Blick auf den Befund der Welt. Das Subjekt, das erzählt, stellt seine Erfahrungen als Stoff zur Verfügung, es macht sich zum Objekt, dessen Einsichten, dessen Überlegungen von außen nun noch einmal bedacht sein sollten, es macht sich zum diskutablen Exemplum des Zeitgeistes.

So schreibe und beschreibe ich nicht, was von Tag zu Tag, von Jahr zu Jahr mit mir geschah, sondern was von den chronologisch erfolgten Zufällen übrig blieb als Gedanke über und als Einsicht in die Zeit, in der ich lebte, und in die Welt, mit der ich noch heute zurechtkommen muss.

Autobiographien sind eine Alterserscheinung, eine harmlose Krankheit, die bislang fast nur Männer befiel, sie sind Produkte derer, die nach einem erfolgreichen Leben zur Untätigkeit verurteilt sind.

Was ich geschrieben habe, ist keine Autobiographie, es ist ein Abbild meines Kopfes. Dieser Kopf erinnert sich nicht an einen Lebenslauf, der 1939 begann und über typische Stadien hinweg, Kindheit, Schule, Studium, Beruf, ins 21. Jahrhundert führt, wo er auch einmal enden wird. Dieser Kopf ist hier und jetzt, und alles, was in ihm ist, war einmal, ist aber immer noch mit und in ihm hier und jetzt. Was ich beschreibe, ist Gegenwart, auch wenn es Vergangenheit war.

Für diesen Kopf ist Geschichte das, was noch immer ist, indem er es immer wieder aufs Neue durchdenkt. Die Ereignisse und Erfahrungen liegen als gespeicherte Ware im Kopf, die Ordnung, die sie haben, gibt ihnen der Gedanke, der sie für einen Augenblick zu Themen verdichtet und in Sinnfeldern zusammenführt.

Was mein Kopf zeit seines Lebens an Vorfällen gespeichert hat, lässt sich wiedergeben, der Speicher lässt sich leeren und nacherzählen. Der Zufälligkeit des Erlebten entspricht eine Erzählung, die eine nicht allzu strenge Form haben kann. Dieses Leben stellt sich dar in schriftlichen Aufnahmen, die interpretierbar und diskutabel bleiben: Ich bin eben doch kein Augustinus, kein Dalí.

Brecht hat seine Gedichte über die schlimme Zeit im Exil unter ein Motto gestellt, das auch für bescheidenere Leben wie das meine gelten könnte, denn, in der Tat, seit Jahren sage ich es mir vor:

Dies ist nun alles und ist nicht genug.
Doch sagt es euch vielleicht, ich bin noch da.
Dem gleich ich, der den Backstein mit sich trug
Der Welt zu zeigen, wie sein Haus aussah.

Nachweise

Vorstufen und Teile einzelner Kapitel sind bereits in den vergangenen Jahren publiziert worden.

»Schreiben. Eine Gymnastik« in: »Sinn und Form« 73 (2021).
»Lesen« im Programm des Deutschen Literaturarchivs Marbach 2 (2020) (gekürzt und leicht verändert).
»Katholisch« in der Freundesschrift zum 90. Geburtstag von Herwarth Röttgen, Stuttgart 2021.
»Italien« (unter dem Titel »Anch'io in Italia«) in: »La mia Italia«, hg. von Marino Freschi, Acireale/Rom 2019.

2022
zu Klampen Verlag
Röse 21 · D-31832 Springe
info@zuklampen.de · www.zuklampen.de

Reihenentwurf: Martin Z. Schröder, Berlin
Satz: textformart, Göttingen
Gesetzt aus Baskerville Ten
Druck: CPI – Clausen & Bosse, Leck

ISBN 978-3-86674-835-4

Bibliographische Information der
Deutschen Nationalbibliothek:
Die Deutsche Nationalbibliothek
verzeichnet diese Publikation in der
Deutschen Nationalbibliographie;
detaillierte bibliographische Daten
sind im Internet abrufbar:
http://dnb.d-nb.de